JN005918

心のなかはどうなっているの？

高校生の「なぜ」に答える心理学

日本青年心理学会 ● 企画

若松養亮 ● 責任編集

大野　久・小塩真司
佐藤有耕・平石賢二
三好昭子・山田剛史 ● 編集

福村出版

はじめに

　日本青年心理学会は青年心理学について日本を代表する学会です。私たちは「青年の、青年による、青年のための青年心理学」を目指しています。これを見て、みなさんはエイブラハム・リンカーンのゲティスバーグの演説（1863年11月19日）から取ってきたものだと、すぐにわかるでしょう。リンカーンは自由と平等をうたいましたが、私たちは正義を加えたいと思います。私たちの生きている社会は、何かと押しつけがましくて不自由だったり、誰かが強くて平等でなかったり、間違っていることが大手をふって正義がない気もするからです。

　青年心理学が他の心理学と違うところは、そうした現代を生きる青年のみなさんの生きている実感をどれだけすくいあげて理解できるか、そして、それをつくり出しているものの正体をみなさんに正確に伝えられるかということですが、そのとき、みなさんに「よくぞ自分のことをうまく表現したな」と納得してもらい（本学会初代理事長の久世敏雄先生の言葉）、かつ、みなさんが私たちの出した知見を使って自由と平等と正義を実現するのに役立つものでなければなりません。

　もちろん、私たちはそれに対して十分な力を発揮できているかというと、まだまだでしょう。青年心理学もみなさんと同じように未来に向かって発展の途上にあります。そこで、私たちはみなさんの力を借りたいのです。本書を読んで、ぜひとも、納得できたところだけでなく、疑問に感じたところも大切にして考え続けていってほしいのです。そして、将来、みなさんが大人になったときにも役立てられるのみならず、私たちの仲間にもなってほしいのです。

日本青年心理学会理事長
大阪教育大学名誉教授
白井利明

この本を手に取ってくださったあなたへ

　いま、この本を手に取ってくださった方の多くは高校生だと思います。高校生活は順調ですか。楽しいですか。「いやぁ、全然」という人も少なくないでしょう。そこまでいかなくても、毎日思い通りにいかないことが多くてモヤモヤしているという人はたくさんいるのではないでしょうか。

　私たち著者は、みなさんのように思春期・青年期といわれる人たちの行動や心を研究している心理学者の集まりです。心理学の歴史はたかだか100年ちょっとですが、みなさんの日々の悩みやモヤモヤを解き明かせる研究成果はずいぶんと蓄積されてきています。この本にはそれらをたくさん、系統的に集め、みなさんにもわかりやすく解説しました。この本を読めば、その悩みやモヤモヤの正体がわかって、「なあんだ、私だけじゃなかったんだ！」とか「そうか、だからイライラするのか！」という発見に数多く出会えることでしょう。そしてそれがわかると、あなたの悩みやモヤモヤも軽くなると思います。

　この本の構成をかんたんに紹介しておきます。この本の中心となるのは第3部の「青年心理学が解き明かす若者のモヤモヤ」です。テーマごとに13の章に三つずつの節を用意して、みなさんの「なぜこんなに……なの？」という疑問に答えていきます。この第3部のなかの興味をもった章から読んでもらって

かまいません。

　第3部を読んで、もっとじっくり理解したい人、心理学という学問に興味をもった人のために第1部「心理学って？　青年心理学って？」、および第2部「思春期・青年期ってこんな時期」を設けました。とくに第2部と第3部を合わせて読むことで、心理学という学問を知っていただき、また青年心理学の主たる領域を系統的に、かつ容易に理解できるようにしています。第4部には、ここまで読んできて、卒業後に大学で心理学を学んでみたい、またはもう一歩進めて、青年心理学の研究者を目指してみたいという方に、その水先案内を用意しました。

　私が好きな言葉の一つに「知らずに見れば、見れども見えず」というものがあります。何かを知ったうえで見た人は、それを知らずに見た人と比べて、より多くのことが見え、より深いところにまで気づけるということです。この本は、何よりもまず、みなさんの悩みやモヤモヤを軽くしたいということからまとめたものですが、この本で吸収した知識をもとに毎日を暮らしてみると、これまでとは違った見え方や感じ方・考え方ができて、新たな世界が広がって見えることでしょう。

　本書の内容は、大学入試の出題範囲で言えば、「倫理」や「現代社会」にほんの少し重なる程度で、そういう意味では知らなくても暮らしていけることではありますが、それでも知ることで日々の生活が生きづらくなくなったり、明るい希望がもてたりする知識がいくつも載っています。さああなたも、ようこそ青年心理学の世界へ！

2022年5月吉日
編者を代表して
若松養亮

第 **1** 部

心理学って？　青年心理学って？

第 4 部
おわりに

1

青年心理学って？

第1章

心理学は
心がどうわかるの？

　高校生のころに観た映画の中で、もっとも印象に残っているのが『エデンの東』（1955 年公開）です。親子や兄弟の対立と葛藤を描いたストーリーが強く心に突き刺さりました。主演は、ジェームズ・ディーン。彼は、デビュー半年後、24 歳の若さで交通事故で亡くなりました。その姿が、映画の主人公に重なります。原作となったスタインベックの書いた小説も読みました。そして、聖書のカインとアベルの物語を題材にしたものだと知り、高校の図書室で新約聖書や旧約聖書を借りて熱心に読みました。

　人間の心は、実に不思議なものです。好きだと思っていても、素直に言葉に出せないことがあります。嫌だと思っても、相手に従ってしまうこともあります。『エデンの東』で描かれた人間模様は、まさにそうした複雑な人間の心そのものだといえるでしょう。

　心理学は、そのような揺れ動く人間の心をどうとらえているのでしょうか。本章では、そのことについて、みなさんと一緒に考えていきたいと思います。

1　心はどこにあるのか？

　みなさんには、次のような経験がありませんか。「授業中、先生に質問され
て、頭が真っ白になって答えられなかった」「好きな人の前に行くと、胸がド
キドキした」。

　このような経験は、人間の心の働きによるものです。前者の場合、必死に答
えようとしても何も頭の中に思い浮かんでこないのは、考えるという心の働き
が阻害されている状態です。後者の場合、好きな人の前で胸がドキドキするの
は、感じるという心の働きによるものです。こうした思考や感情は、人間の心
の機能として非常に重要な位置を占めています。

　フランスの哲学者パスカルは、「人間は考える葦である」といいました。ま
た、フランスの哲学者デカルトは、「我思う、ゆえに我有り」といいました。
いずれも、人間にとって考えることの重要性に言及したものです。私たち人間
は、他の動物とは異なり高度に発達した大脳をもっています。その大脳を含む
脳は、心の中枢として、思考、記憶、知覚、運動などの大切な働きを担ってい
るのです。

　一方、脳幹を含む脳全体の機能が失われた脳死の状態になると、自らの判断
を一切できない状態に陥ります。そして、延命を担っている生命維持装置を外
すことによって、心臓の動きが止まり死にいたります。

　このように考えてみると、心臓は人間の臓器の中でもっとも重要なものであ
るといえるでしょう。好きな人の前でドキドキと鼓動する心臓によって、自分
というものの存在を感じずにはいられません。まさに、心臓は心そのものなの
です。

　ここまで述べてきたように、心は大脳にあるとも、心臓にあるともいえます。
大脳も心臓も、私たちが生きていくうえで、欠くことのできないものであり、
どちらも心の働きを担っているのです。

2　他人の心はわかるのか？

　幼児だったころに、転んで膝を擦りむいたことは、だれでも一度や二度はあるでしょう。そんなとき、一緒にいたお母さんやお父さんから、「痛いの痛いの飛んでけー。ちちんぷいぷいのぷい」と、やさしく声をかけられたことはありませんでしたか。

　転んでケガをした子どもは、自分でもビックリして大泣きをしたりするものです。そんなときに効果的なのが、先ほどのおまじないです。頭や肩をそっとなでてもらって声をかけられると、そのうちに涙も消え、痛みも忘れて、再び元気いっぱいに駆け回ることができるから不思議です。

　さて、ここで質問です。お母さんやお父さんには、泣いている子どもの痛みがわかったのでしょうか。オーストリア・ウィーン出身の哲学者ヴィトゲンシュタインは、著書『哲学探究』で、他人の痛みの理解には観察が大きく作用し、自分の痛みは観察以前に体験されると述べています。他人の痛みそのものは知りようがないものであるのです。

　ただし、私たちは、他者の痛みをまるでわが身に起こったことのように感じることができます。それは、自分がかつて経験した痛みから推測して、他者の痛みを感じられるからなのです。

　それは相手の立場に立って、物事を考えたり、感じ取ったりできるという、人間のもっている能力に起因します。心理学では、それを視点取得とよびます。転んでケガをして泣いている子どもを見て、「痛いだろうな」と思い、近くに駆け寄って慰めるのも、相手の視点から考えることによるのです。

　臨床心理学で用いられる治療法の一つに、役割演技法があります。たとえば、日常場面で葛藤や対立を抱えている親子が、治療の場で互いの役割を交換します。親は子どもの役を演じ、子どもは親の役を演じるのです。そうすることで、お互いが相手に対して、どんな気持ちをもっていたのかを体験します。そうし

て、親と子が互いに相手の心を理解するのをサポートするわけです。このように
して、私たちは相手の心をわかっていきます。

3　自分の心は変わらないのか？

　私たち人間は生まれたときには、自ら移動することもできず、言葉を話すこ
ともできません。その後、人間社会の中で養育されることによって、生後 1 年
ほどで、一人で立って歩き、スプーンなどの道具を使い、意味のある言葉を話
せるようになります。スイスの生物学者ポルトマンは、生後 1 年間を子宮外の
胎児期とよびました。私たちは、生まれて経験を積むことで人間になっていく
"社会的動物" なのです。

　赤ちゃんや子どものころの自分の写真を大切にしている人は少なくないで
しょう。その写真に写っている自分の姿といまの自分を見比べてみたときに、
どんなことを感じるでしょうか。いまの自分の面影は残っていても、ずいぶん
と変わっていることに気づきます。それでも、その写真の中の自分が、紛れも
なく自分であると思えるのはなぜでしょうか。実に不思議なことです。

　私たちは、生まれてから死ぬまでの一生涯にわたり発達していきます。発達
とは時間軸の中で生じる量的な変化と質的な変化です。身長や体重などの外見
だけでなく、考え方や感じ方も、時間とともに変わっていきます。子どものこ
ろに好きだったことも、年齢とともに変化していき、いまではまったく異なる
ものになっているかもしれません。子どものころになりたかった職業も、いま
では変わっているかもしれません。それでも、自分は自分なのです。変わって
いきながらも、同じ自分であるという感覚をもち続けています。そこには、変
化と同一性が併存しているのです。

　古代ギリシャの伝説に、テセウスの船というものがあります。クレタ島から
帰還したテセウスが乗っていた木造船には 30 本の櫂がありました。時代が下
り、保存されていた船の木材が朽ちていき、徐々に新しい部品に置き換えられ

ていきます。すべての木材が新しいものになったとき、テセウスの船は元の船と同じといえるのかという命題です。

　私たちの身体を構成する細胞は、日々新しいものに置き換わっていきます。細胞レベルで考えれば、生まれたときといまの自分はまったく別の存在だといえるでしょう。しかし、私たちは自分が自分であるという感覚をもっています。アメリカの児童精神科医エリクソンは、これをアイデンティティとよびました（11章3節参照）。

　そのアイデンティティも、変化しないものではありません。自分としての同一性をもちつつも、年齢に応じて変化していくものなのです。同一性と変化をあわせもちながら、私たちは生きていくわけです。

　このように考えてみると、私たちの心は変わっていくとともに、同じであるということができるでしょう。

　ここまで本章では、3つの視点から、心というものについて検討してきました。ここで述べてきたのは、心を科学する心理学のほんの導入部分です。本章を読んで、心理学に興味をもった方は、まずは自分と自分の周囲を見渡してください。人間は実に不思議な動物です。さまざまな行動や発言は、人間の心を表しています。そうした何気ない日常の中に、心理学の学びの第一歩が潜んでいるのです。

第**2**章

私たちの気持ちや行動にも法則があった

1 スマホを離せないのはあなただけか？

　みなさんは、スマホなしで、あるいはゲームをしないで一日を過ごすことを想像することができますか？　多くの方は「それは無理だ」と思うのではないでしょうか。こういうふうに思うのは、あなただけのことでしょうか。たぶん、友人も同じではないかと思っていることでしょう。

　このように、私たちの行動には自分だけでなく、他人も同じように行うものが少なくありません。他にも、なぜ多くの人がずっと耳にワイヤレスイヤホンをつけて、音楽を聴いているのでしょうか？　なぜインスタグラムにインスタ映えする写真をアップするのでしょうか？

　こう考えてみると、「なぜ人は同じようにこうするのだろうか」という疑問がわき、そのしくみを知りたくなるのも不思議ではありません。それがわかると、そういうことなのかと納得できて、ちょっと安心できるかもしれません。人の行動や気持ちはいろいろな学問で説明することができますが、とりわけ心理学は人の行動や心理を明らかにすることに焦点をあてた学問ですので、心理学を

学ぶことによって興味深い発見をあなたにもたらすことができると思います。

2　なぜゲームをやめられないのか？

　ここでは、「ゲームをやめられない」という行動を取り上げて、どのような心のしくみになっているかを探ってみたいと思います（18章も参照）。たとえば、図書館や大型書店に行くと、これに関連した本が何冊か見つかるかと思いますが、以下では青年の心理に焦点をあてて述べますので、本章を読んだ後に他の本と読み比べてみてください。

● 脳の働きからみる

　樋口（2017）によると、ゲーム依存の子どもの特徴として、次の3つを挙げています。1つは、欲求を我慢させる脳の前頭前野という場所の働きが弱くなって、ゲームをしたいという欲求を抑えられないとしています。また、ゲームでよいスコアをとるなどの報酬を得たときに脳の報酬系というシステムが働き、ドーパミンとよばれる神経伝達物質が分泌され、それにより満足感や快感を得ることになります。とりわけ、ゲーム依存が強いとゲームそのものではなくても、ゲームに関わる言葉を聞いただけでも、快感を求めて、ゲームをしたいという強い要求が生じるとしています。さらに、ゲーム依存により脳がダメージを受け、いろいろな機能に障害が生じることも指摘しています。このように考えていくと、依存状態になっていなくても、ゲームでいいスコアをとったときの心地よさを経験すると、その気持ちを得ようとしてゲームをやめられなくなることも理解できるのはないでしょうか。スマホのゲームだけでなく、ゲームセンターのクレーンゲームに何千円も使ってしまうのも似ているといえます。

● 自己の働きからみる

　ゲームでよいスコアをとったり、人より優れたスコアをとったりすると、よ

い気分になるほか、自分には人より優れたものがあるといった自信が生まれることがあります。これは、自尊心や自尊感情といったもので、人には自分をより高く評価し、それを維持しようとする傾向があるといわれています。そうなると、最初のうちはゲームそのものがおもしろくても、そのうち対戦型ゲームで他のメンバーを負かせたり、獲得スコアのランキングのより上位を狙ったりすることなどに気持ちが移ることさえ起きてくるといえます。つまり、ゲームが自分の価値を高める手段となっていますので、つねに他のメンバーの動きやスコアが気になり、ゲームのことが頭から離れなくなってしまうことになります。

● 養育者とのやりとりからみる

お母さんやお父さんなど養育者である大人から、ゲームをやめるように言われたり、ゲームの時間を制限されたりすると、どのような気持ちになるでしょうか。自分でも「ちょっとやりすぎかな」、あるいは「いい加減にしないといけないな」と思っていても、そう言われると素直に聞くことは難しいのではないでしょうか。自分でも何とかしないといけないと頭では思っていても、このように大人から指示されると、それだけで腹が立ち、受け入れることができなくなることがあります。この理由は、ゲームをしたいといった気持ちよりも、自分のことをコントロールしようとする大人に対する怒りや反抗の表れにあるといえます。聞いたことがあるかと思いますが、これは小学校高学年から中学、高校にかけて生じる第二反抗期の特徴であるといえます。つまり、思春期になると、心身の成熟がめざましく、体つきが大きくなったり、性的成熟を迎えたりし、大人の体への変貌を遂げ、他方知的にも発達し、大人の発言の矛盾や根拠のなさに気づくようになるため、もはや子どもではないという気持ちが生じ、大人からの指示には拒否的になるといわれています。

● 仲間との関係からみる

たとえば友だちがそのゲームをしているから、自分もしているという人もい

るのではないでしょうか。これには、実際にやってみて、おもしろさに気づき、熱中してしまった人もいるでしょうし、同じゲームをしないと話についていけないとか、多くの人がそのゲームをしているので自分もしたほうがいいと思い、おもしろくなくてもそのゲームをしている人もいるかもしれません。とくに、高校生では、先ほど述べたように養育者とは関係が疎遠になっていく一方、友人との関係がより強くなり、友人がしていることが気になるようになり、友人と同じことをすることも行動の大事な基準になっているといえます。

　このようにみていくと、「ゲームをやめられない」ことは、いま挙げた4つの心の働きで説明できることになり、ある人はゲーム依存に近いほど脳の報酬系が働いて、あるいはある人は何としても自分の価値を高めたいとして、また別のある人はお母さんやお父さんとの関係がよくなく、何を言われても反抗してしまい、さらにある人は友人のことが気になって仕方なく、ゲームを続けているのかもしれません。つまり、同じ行動でも異なる心の働きによって生じており、それぞれに一定の法則があるといえます。

3　心の法則を見つける

　私たちが心の法則を知りたくなるのはどのようなときでしょうか。なぜあの人はこんなふうなことを言うのか、なぜあの人はこんな服を着ているのかなど、自分が不思議に思ったり、理解が難しかったりしたとき疑問が生じ、その「なぜ」の理由を知りたくなるのかと思います。その「なぜ」がわかったとき、その人のことをああそういうことだったのか、これからはこんなふうに接していけばいいのかといったことが理解できるようになります。また、なぜ自分が締め切り直前にならないと課題をしないのか、なぜ大学に進学しないといけないのかなど、自分に対する「なぜ」にも当てはまるかもしれません。心理学の出発点は、「人に対するなぜ」にあり、その「なぜ」を解決できる法則がわかったときに、人間を理解したり、次の行動をとりやすくなったりします。

表 2-1　高校 2 年生が人について知りたいこと

なぜ人は他人の真似をするのか

なぜ人は相手の言葉に流されてしまうのか

なぜ人前で話そうとすると緊張するのか

なぜかわいい人やかっこいい人をつい見てしまうのか

人はどういうことから相手からの愛を感じるのか

コロナの影響で生徒の心に変わったことはあるのか

勉強にやる気が出ないのはなぜか

習慣やルーティンが他者や自分にどのような影響を及ぼすか

ストレスをため込む人と発散できる人の違いは何か

なぜ人には感情があるのか

（注）このデータは，筆者らが協力した兵庫県立夢野台高等学校教職類型 2 年生を対象にした 2021 年度「心理学演習」において得られたものであり，同校より掲載許可を受けた。

　ところで，あなたの「なぜ」はどういったものでしょうか。表 2-1 は，これに関わる問いとして，人についてどのようなことを知りたいかをある高校の 2 年生に聞いた結果です。これによると，多くが人とのやりとりや関わりに関係しており，こうしたことに関心をもっていることがわかります。高校時代は，子どもから大人に発達していく青年期の後半にあたり，自分への関心が高まるとともに，生活の場となる社会も広がり，多くの人との関わりをもつようになっていきます。こうした時代にいれば，当然「自分」あるいは「他者」に関する「なぜ」が生まれてきますので，本書ではこれらの「なぜ」を心理学の考え方で探究して，法則を発見してきたいと思います。

第**3**章

心のことは
どうやってわかるの？

　自分や他人の心のことはどうやってわかるのでしょうか。大学生 19 人に尋ねました。その回答が表 3-1 です。一緒に考えてみましょう。

1　人は他人の心をどうわかるか？

　表 3-1 を見ると、他人の心を知るには「①行動を観察する」が一番多くなっています。A さん（回答者です。以下、同じ）は「いつも見ているものは表情、しぐさ、声のトーン、口調、言葉遣い、そして、これらの言動をしたときの周りの状況である。これらを組み合わせて、『この状況でこの表情をしたのは、この言葉を選んだのは、この声のトーンの変化は、きっと○○（嬉しい、悲しい、楽しいとか）という気持ちになったからこうしたんだろう』という感じで察してきた」と答えました。これは、B さんが言うように、「本心とは違うことを話す場合や、気を遣うなどから隠す場合も考えられる」からです。C さんは「声のトーンが低くしゃべり口調がいつもよりもゆっくりだと、疲れているのかな？　何か嫌なことでもあったのかな？　と感じるし、高く少し早口だと、今日はテンション高いな、何かいいことでもあったんだろうか、と感じる」と

表3-1　大学生は他人や自分の心をわかるために何をしているか（人）

理解の仕方	他人の心	自分の心
①行動を観察する	11	2
②行動や性格を見る	2	1
③対話をする	5	1
④自分の経験から見る	2	2
⑤相手の立場に立つ	1	0
⑥自問自答する	0	5
⑦わからない	0	1
回答者数	19	12

（注）回答者は19人。複数回答は「他人の心」で①と③が1人、②と③が1人いた。「自分の心」の回答人数が「他人の心」より少ないのは「他人の心」だけの回答者がいたためである。

言います。

　このように多くの人が考えて、しぐさや癖で他人の心を読み取ることができないかと、心理学にその方法を求めてくるような気がしています。実際にネットを検索すると、「相手の深層心理がわかるしぐさや癖」「手や目の動きから本音がわかる」といったキャッチフレーズが目につきます。しかし、このやり方には限界があります。Ｄさんがそういうやり方では「初対面の人や、あまり仲の良くない人の心をわかるのは難しい」と述べていることからも、その限界がわかります。

　そこで、本章では、科学としての心理学がどのようなことをしているのかを説明したいと思います。

2　人の行動を状況と関係づけてみる

　心理学では、その人の心理を考える場合、その人がどんな行動をしているか

をみます。たとえば、表3-1の「①行動を観察する」では、わずかな人ですが、こんな回答もありました。Eさんは「自分や他人の心は、その人の服や身につけているものを見れば、わかる。たとえば、派手な服を着ている人は、注目されたかったり、大衆に埋もれるのが嫌だから、それと差をつけるために、派手な服を着ているということや、派手でなくても、いい服やものを着ていたり、つけている人は、最低限の清潔感を保ちたいなどということがわかる」と言いました。みなさんはどう思いますか。人を外見でみてはいけないと思う人もいるのではないかと思います。しかし、実は、こうした外から見える特徴を手がかりにすることが大事なのです。客観的に観察可能な事実をふまえることは確かな理解の土台になります。そのため、心理学では、こうした事実をまずつかまえます。

　しかし、外から見えるものとその人の性格や内面は必ずしも一対一には対応しません。派手な服を着ている人は、注目されたいからだけでなく、自分では派手だと思っていなかったり、だれかのために仕方なく着たりしている可能性もあります。

　そこで、心理学では、もう一歩進んで、そうした行動が「だれが」「だれに」「いつ」「どこで」「どのように」起きているのかという状況と結びつけて理解しようとします。もしだれかのために仕方なく着ているのであれば、その人の前では着ていて、いない場面では着ていないことがありえます。

　私たちには「こういう行動をする人はこういう性格だ」といった思い込みがありがちです。心理学を学ぶことで、そうしたステレオタイプ（固定観念的）な見方から解放されて、人間をありのままに見ることができるでしょう。

3　自分の心をどうわかるのか？

　次に、自分の心はどうしたらわかるのでしょうか。表3-1でみると、一番多い回答は「⑥自問自答する」でした。Fさんは「私の場合、現在の自分が何を

一番重要視しているか考え、徐々に自分の心を理解している。たとえば、友人関係であれば、自分がどのような関係性を求めているのかを考え、理想の関係性を築くためにいま自分が何かできる心の余裕はあるのか、自らに問いかける」と言っています。Gさんは「自分の心は、問い続けることで見つけていく。自分自身がわからないことを客観的に自分に問いかけ、答えを言葉に変換していくことにより、整理されていく」と答えました。Hさんは「自分の心は何気ない日常の中でふと感じるとき、ゆっくりと落ち着いて考える時間をとればだんだんと見えてくるものだと思う。私は時間があるときにその日の日記を記し、そのときの自分の思いを書いて自分の気持ちや心をわかろうとしている」と言いました。

　以上からすると、自分の心は自分の内側にあり、それを観察すれば見ることができると思われているかのようです。たしかに、そのようにして自分を見つめることもあるし、そこから得るものもあると思います。

　しかし、実際には自分を見つめても、確固たるものを見つけることは難しいのではないでしょうか。表3-1で自分の心については回答数が減ってしまうことからも、それがわかります。一人ですが「⑦わからない」という回答もありました。Cさんは「自分の心はほとんど読み取れない。自分でも何がしたいのかわからないことが頻繁にある。自分の心の動きがわかれば、もっと充実した毎日を過ごせるんだと思う」と言いました。それでは、心理学からすると、自分の心はどうやったらわかるのでしょうか。

4　自分を客観的にみる

　私たちは、だいたい自分はこんな人間ではないかという自己イメージをもっています。たとえば、「私はがんばり屋だ」とか「私は人づきあいが苦手だ」とかいったことです。これは自分が見た自分のイメージです。

　ところが、このイメージが周囲の人の評価と同じこともあれば、違うことも

あります。たとえば、自分では「リーダーはできない」と思っていても、周囲の人は「リーダーに適している」と言うかもしれません。自分では「私はみんなを率いる行動力がないので、人の上に立つ人間ではない」と思っていても、他の人からすれば「この人にリーダーになってもらったら安心なので、信頼できるこの人にリーダーになってほしい」と思われているかもしれないのです。この例だと、たんに「リーダーの資格」についての基準が自分と他人で違うだけのように思われてしまうかもしれませんが、そういう場合でなくても、自分の思う自分と客観的な自分とが違う場合もありえます。

心理学が考えるのは、自分を他人のように見るということです。つまり、どんな行動をどんな状況でしているのかを見ることです。その実際は、本章2節に書いたことと同じことを他人ではなく、自分にしてみるのです。

5　自他の心がわかるとは互いに成長しあうこと

みなさんにすすめたいのは自分のことについて他人と対話することです。表3-1 にも「③対話をする」が出ています。Iさんは「自分や他人の心の内は一対一で話をすることでわかる。心は見えないのでだれかと話をすることで『自分はこんなふうに考えていたんだ』といったことや『相手はこんなことを考えているのか』というような心を発見することができる。私も実際に人と話したことで自分自身の心に気づけたことがある。心をさらけ出すにはある程度信頼関係を築いている人でないとさらけ出しにくい。そのため、相手と信頼関係を築くために他愛もない会話をたくさんして距離を近づけようと試みたり、相手が自身の心を話した際には真剣に聞いたりしてわかろうとしている」と言いました。自分がわかるとは他人がわかるということだし、自分と他人がわかるとは互いに成長しあうことなのです。青年心理学は、みなさんが互いにわかりあい、そして成長しあうことを応援する科学なのです。

第4章

青年期が、
青年心理学がおもしろい!

1 青年期は変化の時期

● 青年期にはすべてが変わる

　高校生のみなさん、子どものころの自分といまの自分では、どんなところが違いますか。次の図 4-1 は、**青年期**のさまざまな変化とそれにともなう危険を示しています（小沢，2020)。

● 身体的変化

　青年期は、小学生の高学年や中学生のころの身体の変化から始まります。身体が大人になる変化は、**二次性徴**と**生殖能力**の出現です。この変化についての危険は、早すぎる性交渉のために、妊娠・中絶・性感染症への罹患があります。また、性にまつわる犯罪の被害者になる危険、その逆に、加害者になる危険もあります。そこで、このような危険を避ける必要があります。このような危険をはらみながらも、性には人類の子孫繁栄、欲求、恋愛という 3 つの意味が含まれています。青年期とは、第一に身体的変化を受けて、性をいかに大切に扱

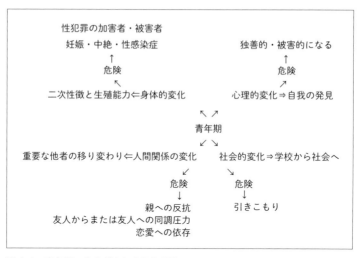

図4-1　青年期のさまざまな変化と危険

うかという課題に取り組む時期といえます。

● **心理的変化**

　青年期の心理的変化では、自分の気持ちと他の人の気持ちは異なり、自分の心の世界は、他の人の心の世界とは異なる自分だけのもので、独自なものであることに気づいていきます。このことを**自我の発見**といいます。

　この心理的変化によって陥る危険は、だれも自分の気持ちをわかってくれないという被害的な思いや、自分の考えていることが絶対に正しいとする独善的な思いをもつことです。自分で決めたことが間違っていたり、未熟な判断であることもあるでしょう。このことから、心理的変化からみると青年期とは、自分の独自な心の世界に気づき、自分の考えや判断が間違ったり失敗することがあっても、他者の意見を参考にしつつ、自分の考えや判断を磨き、自分独自の心を成長させるという課題に取り組む時期であるといえます。

図 4-2　親への反抗の仕方の分類

● 人間関係の変化

　子どもから大人への過渡期である青年期においては、人間関係も変化し、親から友人へ、そして恋人へと**重要な他者**が移り変わっていきます。子どものころは親（養育者）がいなければ生きていけません。そして、小学校から徐々に友人の重要性が増していき、恋愛に関心をもつようになります。

　その中での危険は、親からの自立の過程で起こる**親への反抗**があります。親への反抗の仕方を示したのが図 4-2 です（小沢，1998）。あなたは、これらの反抗の仕方のどれかに思い当たることがありますか。

　また、友人同士の**同調圧力**によって、さまざまな行動を一緒にすることを求めたり、求められたりします。とくに、非行やいじめなどに道ずれにしたり、されたりします。そして、エリクソンが**親密さの問題**と述べたように、恋人に対して自己中心的な恋愛に走ってしまう危険もあります（大野，2010）。

　このように、人間関係の変化からみると青年期とは、反抗してもしなくても親からの自立を目指し、友人における同調圧力にかかわらずお互いの個性の魅力によって友人を選び、対等でともに理解しあえる恋人を探していくという課題に取り組む時期であるといえます。

● 社会的変化

　小学校、中学校と進み、あなたは高校まで来ました。そして、高校卒業後は、進学するか、就職して社会に出るかの選択が待っています。つまり青年期の社会的変化とは、家庭から学校へ、そして社会へと、置かれた状況が変化していくことを指します。高校卒業後、就職するか、進学するかは、難しい選択です。

また、希望の就職先に就けるか、希望の進学先に進めるかという現実の壁もあります。そして、希望を変更せざるをえない場合もあります。その中で、やらなければならないことに打ち込むことができずに、趣味などに過剰に熱中してしまう危険に陥ることもあるとエリクソンはいいました。また、仕事も学校も行くことができず、引きこもりという状態に陥ってしまう危険もあります。

　一般に、社会の中での仕事など自分が打ち込む目標を、早いうちから決めて、それに向かって進むことが大切だといわれます。しかし、社会に入っていき仕事をしつつ、30歳近くになってから迷い選択の時期がきて、その後、決断を経て安定する時期がくるとレヴィンソンはいいました。この迷い選択の時期の後の安定する時期が、青年期の終わりととらえることができます。高校生活の中では、社会に出てから何をして生きるのかという目標がまだわからないという人もいるでしょう。しかし、高校生のいま、目標が見つからなくても、高校卒業後、または進学した後、社会に出て自分に合うかもしれないと思う仕事に就いてみることが大切だといえるでしょう。つまり、まず社会に出て、仕事でも趣味でもさまざまなことに挑戦しながら経験を積むこと、そして、30歳付近にくるであろう迷いと選択の時期の準備をすることも一つの生き方だといえます。このように、社会的変化からみると青年期とは、大人として自分が打ち込む何かを試し探すという課題に取り組む時期といえます。

2　青年期はおもしろい！　そして青年心理学はおもしろい！

　ソクラテスは「**いかに生きるか**という問題ほど大切なものはない」と言ったとプラトンが書いています。あなたは、青年期のさまざまな変化と危険にともなうどの課題について、いかに生きるかと迷っていますか。子どものときのように、親や先生に言われた通り生きることは、したくなくなります。自分でいかに生きるかを考えたくなります。簡単には答えは出ず、問いかけ続けたり、失敗や挫折を経験することもあります。また、他者の助けを求めることが必要

な場合もあります。その際に、図4-1に示した危険に陥っても、そこで人生が終わるわけではありません。簡単ではありませんが、どうやってこの危険を乗り越えるかに取り組むという生き方があります。このいかに生きるかという問題に人生で初めて直面するのが青年期です。幼いころでは、いかに生きるかという問題に取り組むことは無理でしょう。幼いときにはできなかった、自分の考えでいかに生きるかに取り組むという点で、危険はともないつつ、青年期はおもしろい時期といえます。

　青年期以降の成人期、中年期、老年期と生涯が続いていきますが、その中で、さまざまな危機に出会うことがあります。そのときは、大人として他者のアドバイスを得ながら、自分の力でその危機に立ち向かっていくことになります。このとき、青年期で初めて自分の力で人生に立ち向かう経験が、生きてくると考えられます。つまり、青年期で自分の力で自分の人生に立ち向かう経験が、その後の生涯においてもバージョンアップされていくのです。

　この青年期を追究する学問が、青年心理学です。青年心理学の対象は、あなたのような10代から20代の青年です。この青年心理学は、心理学の中の臨床心理学や社会心理学と関連します。また、他の学問領域、たとえば、文系では哲学、文学、社会学等、理系では医学、生理学等にも関連しています。また、主人公が子どもから大人へと成長していく「教養小説」や、青年をテーマにしたアニメ、映画、音楽、美術等の作品も数多くあります。多くの作品や芸術のテーマになる青年期は、多くの人の心をひきつける魅力にあふれた時期といえます。青年心理学では、この本で紹介されるような多くの知見が明らかにされています。そして、青年心理学はその名の通り、まだ青い学問かもしれません。なぜなら、魅力あふれた青年期は未知な領域に満ちているからです。未知だからこそ、おもしろいといえます。また、青年である自分自身がいかに生きるかを追求するという点で、だれもが青年心理学者といえるかもしれません。あなたが、青年心理学に興味をもって学んでいき、そして、これから青年心理学に関心をもち続け、青年心理学者として未知な領域をさらに解明していくことを願っています。

第 **5** 章

心理学はどんな職業に生かせるの?

1　カウンセラー──心理学を生かしたもっとも見えやすい仕事

　心理学が生かせる職業といえば多くの人はカウンセラーをすぐに思い浮かべるのではないでしょうか。この本を読んでいる人の中にも、青年心理学を学ぶことで、カウンセリングでだれかの力になってあげられるような仕事に就きたいと思っている方も少なくないでしょう。たしかに、みなさんの身近にいるスクール・カウンセラーは大学と大学院で心理学を学んで、専門の資格を取得した人たちであり、心理学を直接生かすことのできる職業の代表的なものといえるでしょう。

　カウンセラーとして雇われるためには、専門の資格が必要です。現在、そうした専門の資格としては、「公認心理師」と「臨床心理士」が代表的なものです。どちらも受験資格を得るための授業科目や実習科目を開講している大学院（2年間）で学ぶ必要があり、公認心理師の場合はさらに、大学を選ぶ時点から、そのための科目を開講している学部に進学しなければなりません。それらを卒業・修了したうえで、試験を受けて合格すれば、資格を取得することができま

す。臨床心理士は民間が出している資格ですが、公認心理師は国家資格であり、知名度や関係する職業の多さの点で、有力な資格です。また公認心理師は医療や福祉の人も取得する資格であり、臨床心理士は臨床心理学専門の資格という違いもあります。

　他に、カウンセラーに登用される民間資格として「学校心理士」が挙げられます。こちらは、受験資格を得ることは比較的容易ですが、やはりそのための科目を開講している教育系の大学院で学ぶ必要があります。この資格は先の二つの資格と比べて、カウンセラーに登用される可能性はそれほど高くありませんし、給与も低いことがあります。ただし、資格の名称にあるように学校教育や子どもをよく知っているという強みがありますので、スクール・カウンセラーに登用されると、学校の先生との連携がスムーズという評判があります。また、この学校心理士の受験資格を得るために、教育系の学部で一定の科目を履修すれば「准学校心理士」という資格をとることもできます。これは、卒業後すぐに学校・幼稚園や保育園で３年間、専門的な業務に携わりながら一定の研修も受けることで、学校心理士の受験資格が得られるというものです。准学校心理士の資格は、あくまでも学校心理士の受験資格を得るための資格ですので、３年間で失効することに注意してください。

　先に紹介した国家資格の公認心理師という資格は、比較的最近に誕生した資格ですので、多くの人はこの資格とあわせて、臨床心理士や学校心理士の資格をもっています。たとえば学校心理士をあわせもつことで、学校教育や子どもの問題に強い公認心理師として、仕事を得るわけです。

　ところで、ここまで説明した資格は、それをもっているだけで自動的にカウンセラーになれるわけではありません。資格を取得したうえで、カウンセラーを募集している自治体や病院からの求人に応募して、採用される必要があります。しかも、カウンセラーの仕事は多くの場合は「嘱託」、つまり非常勤の仕事であり、契約期間も長くはありません。自治体が募集するスクール・カウンセラーなどは、１年ごとの更新制です。したがって、「常勤」として雇用されるところでなければ、そこで定年まで働き続けられるわけではなく、出産休

暇・育児休暇などもとれない（その期間は仕事を辞めて無職となる）ことになります。残念なことなので、改善されるとよいのですが。

　またカウンセラーという仕事を、気やすく就ける、楽しく働けると安易に考えないでほしいと思います。友だちからの悩み相談にのる、といった気軽なものではありません。複数の相談案件の担当を並行してもつことになりますし、場合によっては重い話を聞かされます。そうした人たちの悩みや苦しみすべてに共感しながら話を聴くことは、時につらいことです。また守秘義務もありますから周囲の人と仕事の話を気軽にできません。目指す人はそのような覚悟のもとで、学部や大学院の進学を考えてください。

2　研究者・大学の教員──研究を進めながら学生を育てる

　大学で学んだ心理学を直接生かす仕事として、もう一つある大きな選択肢がこれです。大学では学部生のときから、卒業研究（卒業論文）に取り組んで自分なりの研究テーマをもちますが、そうした「研究する」という営みを生涯続けていく仕事です。ただし研究をしているだけでは生計を立てられないので、その手段として大学や研究所に勤めて、そこの仕事をします。

　研究所は、心理学の場合、国や自治体の機関にいくつかあるだけで、募集も多くありません。ですのでここでは、大学の教員に絞って紹介します。大学では、自分の研究を進めるかたわら、授業や学生への研究指導、また大学の運営のための仕事をしなければいけません。ただ、学生に接する仕事は、青年心理学に興味や知識があれば楽しめる仕事です。私の場合は、どのような教え方が学生によく伝わるかを、青年心理学や教育心理学に基づいて考えることに興味があるので、やりがいを感じます。ただ、自分の研究を進める時間がなかなかとれないという悩みは、多くの人が口にします。

　研究をするという営みには、まだ世界のだれも明らかにしていない課題を、少しずつではありますが解明していけるという愉しみがあります。そしてそれ

を論文の形で発表し、そこから他の研究者と交流して深めていくことも楽しいことです。また論文が書けたら、学会の機関誌に投稿しますが、掲載にあたっては厳しい審査があり、何度か修正を求められます。ですが、そうした過程を経て、多くの研究者が読む機関誌に掲載されたときには、大きな喜びと達成感、また自分の研究の力量も向上したという喜びも味わえます。

　ただこの仕事に就くには、大学院生のうちから研究の成果を着実に論文として発表して、自分の力量を形にして示さなければなりません。さらに昨今では、教員の正規採用を抑制する大学が多く、初めの何年かは3年ほどの限られた任期で働かなければなりません。とにかく研究することが好き、という人でなければ正規の就職口にたどり着きにくいかもしれません。

3　その他の職業──実はもっと多くの職業に生きている心理学

　その他の職業については、簡潔に紹介しましょう。まずは「心理職」といわれる公務員の仕事です。国家公務員の場合は大きく分けて、政策立案などに関わる役所内での仕事と、法務省に所属するなどして、現場で人と関わる仕事（少年鑑別所や少年院、あるいは家庭裁判所でケースに携わる）があります。後者は、非行で補導された少年・少女の調査、面接や各種心理検査を行って、性格や知能などからその子を理解し、今後の処遇について判断するという仕事です。地方公務員の場合は、県立病院や児童相談所などで面接・相談や心理検査を実施して処遇のための判定をするなど、現場で人と関わる仕事です。一般に国家公務員では転勤が多い、地方公務員では倍率が高いなど、選ぶにあたっては仕事内容以外にも留意する点がありますので、実際に就いている人の談話などを調べてみてください。

　次に学校教員の仕事も心理学と関わる仕事といえます。教科を教える、生徒指導や進路指導をする、相談にのるといった日々の営みには、すべて心理学の知識が生きる場面があります。教員養成の大学・学部には、どこにも心理学の

専攻があり、すべての学生は教育と関わる心理学の授業を必修で受けているのもそのためです。青年心理学は、思春期や青年期といった心理的に不安定な時期の若者の心、あるいは社会に出る前の不安な心についてもいろいろ明らかにしていますから、教員が子どもや若者に接するために大切な知見を提供しています。この書籍を読んだみなさんは、読む前と比べて、以前の自分や周囲の人たちの行動をずいぶん理解できるのではないでしょうか。このような知識が、教員にとってもよいヒントをもたらしてくれます。

　他にも心理学は、どんな職場に行っても役立つ学問です。たとえばお客さんとの接し方や、どんな商品やサービスがお客さんにアピールできるか、職場の人に説明や依頼をするときにどのように言えばよいのかなど、多くのところで役に立てられる学問なのです。

2

思春期・青年期って
こんな時期

第**6**章

身体と心が落ち着かない

　思春期になって、「身体と心が落ち着かない」という状況は多くの人が経験すると思います。ここでは少し単純化して、その理由について解説していきます。

1　進化の過程における人間

　有性生殖する生物は、受精卵から発生して細胞分裂をくり返し、だんだん大きな身体に成長していきます。このようにして誕生した個体が生殖機能を徐々に発達させて、やがて繁殖し、一生を終えます。このパターンは、生物の種によって大きく異なり、一般的にネズミなど身体の小さな生物は成長の速度が速く、親が子の世話をあまりせず、多産で寿命が短い傾向があります。一方ゾウなど身体の大きな生物は成長の速度が遅く、親が、少ない子どもの世話を手厚く行い、結果として寿命が長い傾向にあります。哺乳類は動物の中でも身体の大きなほうですが、中でも霊長類は同じ体重の他の哺乳類と比較して寿命が長く、成長速度が遅いという事実があります。霊長類は集団で社会生活を送るようになり、複雑な社会生活に適応した結果、脳の比重が大きくなっていきまし

た。人間はこのような霊長類から進化してきたのです。

　さて霊長類の中で、もっとも人間と近いのはチンパンジーですが、大人の脳の容量を比較してみるとチンパンジーが約 380cc なのに対して人間は約 1400cc もあります。人間は他の霊長類と比較して脳が大きすぎるため、母親の胎内で長く育てることができず、未熟な状態で産まれてきてしまいます。首もすわっていない、寝返りもできない状態で産まれ、大人と同じものを食べることができるようになるのは 6 歳ごろです。社会に出て自分で収入を得て自立するまでには、さらに時間が必要です。複雑な社会を理解し、高度な技術や知識を身につけていかなければなりません。この長い子育てを母親一人で行うのは不可能で、人間は家族や地域社会といった集団で協力することによって世界中の環境に適応し、繁殖に成功してきたのです。このように大きな脳を、時間をかけて育むことが人間の特徴だといえます。

2　思春期・青年期の身体的発達

　人間の思春期の特徴として、身体が急激に成長する「スパート」の存在があげられます。身長が急速に伸びるのは女子で 12 〜 14 歳ごろ、男子で 13 〜 15 歳ごろで、20 歳くらいで成人の大きさになります。この思春期のスパートは人間だけにあり、チンパンジーをはじめとする類人猿にはみられない現象です。なぜ人間にだけスパートが存在するのでしょうか。これも大きな脳に原因があるのです。

　人間の脳は大きすぎるため、母親の胎内で十分に育てることができず、未熟な状態で出産します。したがって生まれて 3 年くらいの間は胎児期と変わらない成長を続けるのですが、その後、身体的な成長のペースは落ち着きます。しかし脳の成長は続き、10 歳ごろまでに成人の脳の約 90% にまで成長をとげます。つまり身体の成長と脳の成長を同時に行うのは不可能なので、まず脳を成長させ、脳が大人と同じくらいに成長したところで、急速に身体を成長させて

いるのです。この身体の成長には性的な成熟も含まれており、同じように脳の成長が一段落した後に、身体の成長に続いて、急激に性的に成熟し二次性徴を迎えます。身長が伸び体重が増加するだけでなく、生殖器が発達し、生殖能力を獲得していくのです。

　その過程の中でホルモンが大量に分泌され、それが身体だけでなく、気分や感情にも影響を及ぼすことがあります。たとえば男性ホルモンであるテストステロンは、思春期に多く分泌され、筋肉量の増加や性衝動を高めるほか、攻撃性を高める作用もあるといわれています。一方、女性ホルモンであるエストロゲンとプロゲステロンは女性の二次性徴を促進し、男性の二次性徴を抑制します。これらのホルモンは生理周期で変動し、排卵に向けて妊娠の準備を整えるエストロゲンが増える時期には心身ともに好調なのですが、排卵後に妊娠の継続をサポートするプロゲステロンが増える時期には血行が悪くなり抑うつ感が高まるなど、次の生理まで心身が不調になりやすくなります。妊娠しなければ、この生理周期をくり返すのですが、思春期においてはホルモンの分泌量が変化しやすく、また男女ともにテストステロンの分泌が高まっていることから、気分の変動が生じやすくなっています。

　このようなホルモンの影響に加えて、思春期には全体的にホルモンバランスが崩れがちです。脳の中枢である視床下部が、摂食・性・攻撃行動や睡眠といった本能的な行動をつかさどっており、ホルモンバランスだけでなく、自律神経や情動（怒りや不安）もつかさどっています。二次性徴によってホルモンバランスが変化すると、自律神経が乱れ、情緒不安定になりやすくなりますし、また自律神経が乱れることによっていっそうホルモンバランスが崩れることにつながります。つまり思春期には身体的発達にともなう生理的な要因によって、怒り・不安・抑うつといった感情が起こりやすい状況にあるのです。しかしそのメカニズムを理解している青少年はほとんどいないため、この不可解な生理的喚起はネガティブな情動として喚起されやすく、知らず知らずのうちに不快感情がもたらされている可能性もあります。

3 思春期・青年期の脳の発達

　脳の発達という点でも思春期は重要な時期で、人間の脳機能は知覚、情動、対人機能、自我機能の順に成熟していきます。脳の大きさは10歳ごろまでに成人の9割にまで成長しているのですが、思春期になるとさらに詳細な発達や調整が行われます。前頭葉の発達にともなって抑制系が成熟していく段階になったのですが、抑制系の成熟には時間がかかります（25歳ごろまで）。つまりホルモンが大量に分泌されるようになり、性衝動や攻撃性が高まっているにもかかわらず、それらを抑制する役割を果たす前頭葉がまだ十分に成熟していない期間が約10年もあるのです。

　これを例証しているのが世代別非行少年率です（図6-1参照）。これは少年の成長にともなう非行率（当時における各年齢の者10万人当たりの刑法犯検挙〔補導〕人員）の変化を知るために、昭和53年生まれから平成13年生まれまでの

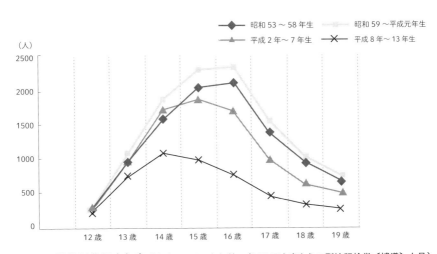

図6-1　世代別非行少年率（当時における各年齢の者10万人当たりの刑法犯検挙〔補導〕人員）
(令和3年版犯罪白書より作成)

人を、6年ごとに世代を区分し、各世代について、12歳から19歳までの各年齢時における非行少年率の推移を示したものになります。少年による刑法犯の検挙人員は減少し続けており、人口比においても低下傾向がみられ、成人の人口比に近づいてきています。しかし男性のほうが女性よりも犯罪率が高く、犯罪率のピークは14〜16歳ごろであり、犯罪のほとんどが窃盗であることなど、あまり変わっていません。目の前にあるものがほしいという衝動をうまく制御することができず、盗ってしまうのです。もちろん、他人のものを盗むということは長期的・全体的には最適でなく、その欲求は抑えなければならないと学習していくのですが、社会の急激な変化にもかかわらず、この世代別非行少年率のプロフィールに変化がないことは、人間特有の傾向としてとらえてよいと考えられます（とはいえ、先に述べたとおり少年非行の検挙人員は人口比においても減少し続けており、窃盗も減少し続けています。社会全体として絶対的貧困の少年が減ったことも一因ではありますが、教育の成果でもあります）。人間は時間をかけて前頭葉を成熟させることで、脳の可塑性が高い期間をできるだけ長く維持し、より柔軟に環境に適応しながら進化してきたといえます。

4　思春期・青年期の認知的能力の発達

　認知というのは、私たちが外界からさまざまな情報を取り入れ、それに操作や処理を加え、それに基づいて判断を行うような心の働きのことです。心理学において認知的能力は、感覚、知覚、記憶、言語、思考、推理、問題解決、意思決定、社会的認知などの分野に分かれて研究されてきました。この認知的能力についての体系的な理論がピアジェの認知発達理論です（表 6-1 参照）。認知的能力の発達は、自分の身体と外界とが未分化な感覚運動期から始まり、前操作期には言葉を使ったコミュニケーションが可能になります。具体的操作期では、具体的な状況に限り直感に惑わされることなく、論理的思考が可能になります。形式的操作期は認知発達の最終段階であり、年齢的には思春期・青年期

表 6-1　ピアジェの認知発達段階

発達段階	年齢	特徴
感覚運動期	0 〜 2 歳ごろ	自分の身体と世界とが未分化な状態から分化し、自分とは異なる他者の存在を認識するようになる。
前操作期	2 〜 6 歳ごろ	眼前に対象物がなくても言語や記号を使った知的行動が可能になる。木の葉をお皿に見立てたり、ごっこ遊びで電話をするシーンを演じることができる。
具体的操作期	6 〜 11 歳ごろ	具体物や具体的状況においてのみ論理的思考が可能になる。四則演算を理解するために「おはじき」や「ブロック」が役に立つ。
形式的操作期	11 歳以降	言語や記号を使った抽象的な論理的思考が可能になる。ある言明が正しいかどうかは問題にせず、その言明を一つの仮説として扱い、それに基づいて推論することができる。

（ピアジェ，1970/2007 より作成）

以降です。この段階で初めて、現実を超えて、可能性の世界から現実を考えることが可能になるのです。

　人間は自分と他者についての深い理解に基づき、過去から未来という時間軸と、社会の中における空間軸の双方を一段上から眺める能力が必要であり、そのためには十分な認知発達が必要です。加えて性成熟にともない繁殖の相手を見つける段階に入り、性的で特別な排他的なペアを形成しつつ、他の人とは協力関係を維持していくことが求められます。その訓練期間が思春期・青年期であり、だからこそ「身体と心が落ち着かない」のです。他の霊長類に比べて思春期・青年期が圧倒的に長い人間だからこその悩みだといえます。

第**7**章

学校と勉強の
意味と役割

1 学校に行く意味

　なぜ学校に行くのでしょうか。学校に行くことにはどんな意味があるのでしょうか。文部科学省によると、教育の目的は、「一人一人の国民の人格形成と国家・社会の形成者の育成」であり、学校教育の重要な役割は、「子どもたち一人一人が、人格の完成を目指し、個人として自立し、それぞれの個性や能力を伸ばし、その可能性を開花させるための基礎を培うこと」だとされています。平たく言うと、社会に出て自立して生きていくために必要な力を身につける場が学校であり、その手段の一つが教育だということになります。

　一方で、学校に行かない・行けていない児童・生徒もたくさんいます。小・中学校における不登校児童生徒の数は約 24 万 5000 人、高等学校における長期欠席者の数は約 11 万 8000 人（うち、不登校は約 5 万人）となっています（2021 年度文部科学省調べ）。また、インターネットの発達にともない、自宅にいながらオンラインで授業を受けたり知識を得ることができたりするなど、学校に行くことの意味が揺らいでいます。学校以外の選択肢も十分にありうる時代です

が、ここでは学校に行く意味を「発達段階に応じて体系化されたカリキュラムや組織化された学校行事が整備されているからこそ、社会に出るうえで必要な力をより効果的・効率的に身につけることができる」と答えます。

2　社会変化の中でどのような力が求められるのか？

　では、社会に出るうえで必要な力とはどのようなものなのでしょうか。そのためには、みなさんが生きている社会がどういう状況なのかを知っておくことが大切です。いま社会は大きく変わっています。グローバル化や高度情報化、少子高齢化が進み、サスティナビリティやエネルギー、気候変動や格差、未曾有の災害や感染症など、解決すべき社会課題が山積みです。このように、将来の変化を予測することが困難な時代にみなさんは生きています。

　この大きな社会変化を前提に、学校教育を通じて育成することが求められる資質・能力について、さまざまな枠組みが提示されています。新しい学習指導要領では、**資質・能力の３つの柱**としてまとめられています。それは、生きて働く**知識・技能**の習得、未知の状況にも対応できる**思考力・判断力・表現力**等の育成、学びを人生や社会に生かそうとする**学びに向かう力・人間性**等の涵養の３つです。これらはみなさんが学校教育を通じて身につけることが期待されている力です。そして、これらの力を身につけられているかどうかが、大学入試や就職活動の場面、もっといえば、社会に出た後も問われるようになってきています。学校で学ぶということは、教科書に書いてある事柄を覚える（知識の習得）だけではないのです。

3　求められる力をどのように身につけるのか？

　求められる力が広いことはわかったけど、どうやって身につければいいのか、

という疑問がわくかもしれません。新学習指導要領では、資質・能力の3つの柱を身につけるために「**主体的・対話的で深い学び**」（≒**アクティブ・ラーニング**）の実現が不可欠だとしています。こうした学びには一人で個別的に行う学び（文章によるふり返りや図解化による関連づけなど）や、クラスメイトと協働的に行う学び（ペアワークやディスカッション、プレゼンテーション、調査・探究活動など）があります。これら**個別的な学び**と**協働的な学び**の中に、知識を得る行為（インプット）と、得た学びを外に出す行為（アウトプット）とを組み込んで学んでいきます。最近では、一人1台端末を目指す「GIGAスクール構想」のもと、パソコンやデバイスを活用した学びも広がってきています。こうした学びに主体的に**関与**（**エンゲージメント**）することで、求められる力を身につけることができます。

4　主体的に学び続けるためには

　学びに主体的に関与することが大事ということはわかったけど、どうしても勉強が好きになれない、やる気が出ないといったことで悩んでいる人も少なくないでしょう。心理学では、物事に対して積極的に関わろうとする気持ちの背後にある心理的なメカニズムを研究してきました。それが**動機づけ**（**モチベーション**）といわれるものです。動機づけの代表的なものとして、物事に対する興味や関心などによってもたらされる動機づけ（**内発的動機づけ**）と、評価や報酬などによってもたらされる動機づけ（**外発的動機づけ**）とがあります。いい成績をとるため、親や先生にほめられる（叱られない）ためなど、勉強の動機が外発的な場合、どうしても主体的に関わることが難しくなります。また、小学校から中学校、高校と学校段階が上がるにつれて**学習意欲**が低下する傾向にあります。これは、徐々に進学・受験のための勉強という意味合いが強くなり、内発から外発へと移行してしまうことが原因の一つです。逆に、最初は外発的であっても、勉強しているうちに少しずつ楽しくなる（内発的に移行する）

こともあるので、継続することが大切です。

　これからの時代は**生涯学習社会**になるといわれています。学校にいる間だけではなく、社会に出てからも一生涯学び続けることが必要という時代です。学校では、学び方を学び、自分なりの学びのスタイルを見つけてほしいと思います。そのためにも内発的動機づけを高めることが大切なのですが、どうすればよいのでしょうか。みなさんは、ふだんの生活の中でどんなことをしていて楽しいと感じるでしょうか。時間を忘れて没頭できることはあるでしょうか。こうした物事に没頭している状態を**フロー状態**とよび、幸福感や満足感に与える影響が大きいとされています。必ずしも学校の勉強である必要はありません。自分が好き、楽しいと思えることに没頭する中に、主体的な学びの大切なエッセンスが含まれています。それが、学校での勉強と一見関係ないようにみえても、つながってくる瞬間があります。自分の将来のキャリアを形成するうえで大きな影響を与えることもあります。こんなことをやっても意味がないと思わず、中途半端にせず、突き抜けてほしいと思います。

　このように主体的に学びに関わり、自分を高め続けていくためには、自らの学びを上手にプロデュースする必要があります。心理学では、**自己調整学習**とよんでいます。これは、動機づけ、**学習方略、メタ認知**の3つの要素において、学習過程に能動的に関与していることを意味しています。動機づけについて、たとえば、「がんばったら自分にご褒美をあげる」「ジャンプすれば届きそうな目標を設定する」「目標を細分化して、一つひとつクリアしていく」など、外発的・内発的動機づけを駆使しながら、やる気を維持・向上させます。学習方略について、「授業で学んだことを、他の教科で学んだことや日常生活での経験と関連づける」「気づいたことを書き留めたり、気になったことを調べられるようにノートを工夫する」「学んだことを図解化したりする」など、自分が学びやすくなるような工夫を行います。他にも、自分が学びやすい環境（時間帯や明暗、音など）を整えたり、To doリストやアプリを活用して自分の学習を可視化したりすることも効果的です。メタ認知とは、自分の認知や思考などを客観的（俯瞰的）にとらえることを意味しています。この力を身につけるため

には、日ごろから自分のことについて考えることが大切です。授業で学んだことについて、今日は何が学べたのか、それについて自分はどう考えるかなどをふり返ることです。頭の中で行うのもよいですが、ノートに書いたり、人に伝えたりするのも効果的です。

5　他者とともに学び、社会的な自立への準備をする

　みなさんは、一人で勉強するのと、クラスメイトと勉強するのとどちらが好きでしょうか。どちらのタイプもいると思います。一人で学びと向きあうこともちろん大切ですが、これからの時代の学びには、他者との協働による学び（対話的な学び）が不可欠です。学校でも、グループワークやディスカッションの時間が増えてきたと思います。面倒くさい、なんでこんなことをやらされないといけないのか、一人で勉強したほうが効率的なのに、といった疑問や不満を抱く人も少なくないでしょう。ですが、正解のない予測困難な時代にあって、さまざまな価値観や考え方を尊重・共有しながら、自分たちなりの解決の道筋を導き出していくことがいっそう必要になってきます。他者の考え方に触れることで自分の考え方が広がります。他者に考えを伝えることで自分の考え方が整理されます。お互いの考えを共有した先に新たな考え方が生まれます。こうした授業における対話的な学びの中で、思考力や表現力、協調性やコミュニケーション能力などの力が身につきます。そして、学校生活を通じて、集団の中で自らの**アイデンティティ**（11章3節参照）を確立し、青年から大人へと自立し、社会の一員として生きていくための基盤が培われるのです。

　社会変化にともない、学校や勉強の意味と役割も変わってきています。固定観念にとらわれず、自分らしさを大切に、学校生活や学びを大いに楽しんでください。

第**8**章

親との関係、家族の位置づけ

1　自律性 ── 意志の発達

　青年期に入ると親子関係においても大きな変化が生じます。たとえば、青年は心身の急激な成長にともない、親に対して「もう自分は子どもではない、子ども扱いしないでほしい」という考えを抱くようになります。また、青年は性的成熟の結果、異性の親との身体的、心理的距離をとるようになりやすいこともしばしば指摘されてきました。

　青年期の親子関係の特徴を表す言葉として、よく知られているものに「**第二反抗期**」という用語があります。これは本来、青年の自我や意志の発達を表す言葉として述べられているもので、青年が親や教師などの大人の考えに対して、自らの考えを主張し、時には反論や逆らう行動が増えることを意味しています。青年の言動を「反抗」ととらえるかどうかは大人側の受けとめ方しだいでもあり、「主張」という言葉のほうが青年の視点に立っています。

　青年の**意志の発達**を表す別の心理学用語としては、「**自律性**（autonomy）」があります。自律性はしばしば、**情緒的自律性**、**行動的自律性**、**価値的自律性**の

3つに分類されます。情緒的自律性は親子関係における青年の発達的特徴について述べているものです。ステインバーグらは情緒的自律性の特徴について、①親への脱理想化（親も完璧ではなく間違いをすることがあるとみなすこと）、②親を普通の人としてみなすこと（親も個別の人生をもつ普通の人であるという認識をもつこと）、③親への非依存（青年が親に依存することなく自分自身で物事を行えるようになること）、④個体化（青年が親との関係の中で自らを親とは異なる個別の存在であると感じられること）を挙げました。次に、行動的自律性は意思決定と行動における自律性を指しています。大人や周囲の友人などの他者からの要求や圧力、期待などに同調したり屈したりするのではなく、自分自身の意志に基づいた決定とそれに対する責任ある行動をとれているかどうかを指している概念です。そして、価値的自律性は個人の価値や信念に関する自律性を表しています。子どもは児童期までは親を理想化し、親の価値観を取り入れ、同一化しながら自らの価値観を形成していきます。しかし、青年期に入ると批判的思考も発達し、また、家庭外のさまざまな対人関係やメディアからの情報などの影響を強く受けるようになり、自らの意志によりこれまでに形成してきた価値体系を再考し、新たな価値の探求と形成を行うようになります。

2　親子関係における心の葛藤

　青年の自律性の発達は、親子関係に関わるさまざまな**心の葛藤**を引き起こす可能性があります。たとえば、前述した情緒的自律性における親への理想化から脱理想化への変化、依存から非依存への変化への移行に際しては矛盾する考えや感情の存在によって青年の心は揺り動かされ、不安定になるかもしれません。また、批判的思考の発達により親に対する理想や期待と実際の姿とのギャップが生じると、親に対する不満が増大することになります。

　行動的自律性は、個人の行動上の自由や決定権、裁量権を拡大したいという欲求を高めると考えられます。それに関して、スメタナは親子間のいさかいや

衝突の背景にある問題について、社会生活におけるさまざまな行動上の判断に対する親子の認識の不一致から説明しています。たとえば、青年は勉強や部活動、自室の掃除や片づけ、服装や髪型の選択、睡眠時間、週末の過ごし方、友人関係や恋愛関係などさまざまなことについて、それを「個人の問題」としてとらえ、自分に自由な決定権があると考える傾向があります。しかし、親はそれらの事柄について、必ずしも「個人の問題」としてとらえず、家族の慣習や道徳的問題などと関連づけ、親にも発言する義務と権限があると考える場合があります。このような見解の不一致が親子間の葛藤を引き起こす一因であると考えられています。

　青年－両親関係における心の葛藤を引き起こす背景要因としては、親側の要因についても考慮する必要があります。親に関する要因としてもっとも重視すべきなのは親の子どもに対する養育態度です。バウムリンドは親の養育態度を要求性と応答性の2つの次元でとらえています。要求性とは親が子どもに対して期待や要求、禁止などのメッセージを伝えることです。応答性とは親が子どもの考えや感情、欲求を受けとめ、それを尊重することです。この要求性と応答性のバランスのとれた養育態度が望ましいと考えられています。そして、要求性が高く応答性が低い権威主義的態度、応答性が高く要求性が低い甘やかしの態度、要求性と応答性がともに低い放任、無視・無関心の態度では、それぞれタイプは異なりますが青年と両親との間に心の葛藤が生じやすくなるといえます。近年では自律性の発達をサポートする姿勢がもっとも望ましく、逆に脅しや不安にさせるような形で感情的に統制しようとする態度はさまざまな悪影響を及ぼすことが明らかにされています。

　青年期における親子関係上の葛藤が生起するメカニズムとしては、さまざまなものが考えられますが、多くの場合、その葛藤は深刻なものではなく、親子間で解決や調整が可能なものであるといわれてきました。しかし、なかには児童期までの親による虐待やネグレクト、過剰な統制などの根深く、深刻な原因がある場合もあります。さらに子どもの学校や親の職場など家庭外の環境におけるストレスが家庭に持ち込まれ、それにより親子関係が悪化するというよう

な状況も想定できます。このように青年期の親子間葛藤については関与している多様な背景要因を丁寧に吟味しながらその意味を理解する必要があります。

さらに、表面上親子の間にいさかいや衝突が認められない場合でも、子どもが自己抑制し、親に無理をして合わせ過剰に適応しようとしている状態があります。そのため、葛藤の有無だけでは親子の関係性を正しくとらえることはできないといえるでしょう。

3　愛着——親子における心理的な結びつき

青年期の親子関係の特徴については、1928年にホリングワースが「**心理的離乳**」という概念を提唱し、健康な青年には「家族の監督から離れ、一人の独立した人間になろうとする衝動」があると述べています。このような親から心理的に分離し、独立することを重視する考え方が日本においても長年にわたって主流でしたが、後に青年期でも親子の心理的な結びつきは重要であるという考え方も重視されるように変わってきました。たとえば、前述の自律性についても、「**結びつきをともなった自律性**（autonomy with connectedness）」という考え方が現れてきました。

その親子の結びつきに関する代表的な理論がボウルビィの提唱した**愛着**理論です。愛着とは乳幼児期の子どもが主たる養育者との関わりを通じて形成する心理的結びつきです。この愛着関係により子どもは自分が愛されており、保護されているという安心感や信頼感を形成します。また、愛着関係は「**心の安全基地**（a secure base）」として機能します。心の安全基地は、子どもに安心感や安全感を与え、また癒やしや心理的疲労の回復のためのサポート機能も果たします。

愛着の対象は青年期においては友人や恋人などに拡大していくと考えられています。しかし、仮に友人や恋人との心理的な結びつきが重要になったとしても、親との愛着関係は依然として重要であり続けます。たとえば、学校での不

適応や何らかの心の問題を抱えた場合、その問題解決と心理的回復の過程においてもっとも基礎的な部分で重要なサポートの役割を担っているのは多くの場合、親であるといえます。

4　青年の発達が親や家族に与える影響

　子どもが成長、発達することは親にとってたいへん喜ばしいことですが、他方で親も関わり方を変えなければならないという新たな課題に直面することになります。もう子どもではないが完全な大人ともいえない状態で、親としても子どものやることに対して、どこまで手出し、口出しをすべきか、その基準や距離のとり方に悩むことがあります。コールマンは**青年期における子育ての困難さ**の背景として、①親役割の不確かさ、②家族における権威関係の変容、③子どもに対する監督やモニタリングの適切さの変化、などを挙げています。子どもから大人への移行期にある青年はまさに発達途上であるため、親も子どもの成長、発達に合わせた調整を行うことが親としての課題になるのです。

　家族にとっても、青年は子どもの役割から大人への役割を担う存在に移行していくことになります。親が権威ある存在として子どもを養育する関係から、子どもも家族の一成員として親を手助けし、親と子が相互的で対等に近い関係に向かって変化していきます。

　氏家達夫は「親子関係の生涯発達」においては、親子の発達段階の推移にともなって幾度も関係システムの確立と崩壊、再確立のプロセスがあると述べています。子どもが青年期に到達すると親子双方が親子関係の見直しの課題に直面し、葛藤を経験しながらも相互調整によって新たな親密な関係性を再構築していくことが目標になります。そのプロセスにおいては、親は子どもの視点を受け入れ、尊重するようになることが重要となりますが、受容というのはそう簡単ではなく、喪失感やあきらめのような心理的につらい経験を乗り越えていく必要に迫られることもあります。

5 親子、家族における多様性

　これまで青年期の親子関係における発達的変化の特徴について説明してきました。しかし、親子関係、家族関係のあり方は多様です。個人の性格特徴、家族の人数や構成、親の就労形態、経済的状況、文化的な価値観など実にさまざまな要因の影響を受けて親子や家族の独自の関係性が築かれていきます。そのような多様性があることを重視しながら、それぞれの親子や家族にとっての調和的な望ましい関係のあり方について考える必要があります。

第**9**章

親から友だちへ、恋人へ、そして自分へ

　小学校、中学校までの義務教育とは異なり、高校生になると、家の近くの学校に通う人ばかりではありません。なかには、アルバイトやボランティアを始める人たちも出てきます。通学圏をはじめとして生活圏が広がり、行動範囲が広くなった高校生たちは、スマホ片手に友だちと一緒に世界を広げていきます。そのため、心の中、スマホの中に限らず、高校生の行動範囲は大人からは見えなくなっていきます。保護者の知らない世界を広げつつあるのが高校生の時代です。

1　重要な対人関係はどう変わるのか？

　乳幼児期では、親・きょうだい・祖父母などの家族が、児童期には友人や親友が、青年期になれば恋人が、そして成人期では配偶者や自分の子どもが相対的に重要になります（酒井, 2005）。対人関係はこのように変わっていくと考えられます。小さい子どもは、生まれた家が自分の家で、父母が自分の家の中心だと考えているでしょう。しかし、進学や就職にともなって一人暮らしをするようになると、寮やアパートが自分の家となり、生まれた家は時々帰省する

"実家"になります。そして血縁関係のない相手と配偶関係を結び、新たに自分の家族をもつようになると、自分たちでつくり上げた家族を自分の家と考えるようになります。"ただいま"を言う相手が、「親・祖父母→（一人暮らしのためいない）→パートナー・自分の子ども」に変わっていきます。家族をもたない場合は、ペットや鉢植えに"ただいま"を聞いてもらうのでしょう。

　「対人的信頼感」の研究では、重要な他者の中でだれに対する信頼感を重視するかは、児童期から青年期にかけて「親→親友→恋人」と移行していくことがわかっています（酒井，2005）。このことは、女子を対象とした「依存性」の発達の研究でも同様の結果が得られており、依存が向けられる対象が一人に焦点化している場合、中学生では母親（47.4%）、高校生では親友（30.1%）、大学生では恋人（49.1%）であることが報告されています（Takahashi, 1974）。ただし女子において母親は特別な存在であり、大学生の26.3%、高校生の27.7%は母親を依存の対象としていました。

　「愛着機能」の研究では、"近くにいたい、一緒に過ごしたいと思うのはだれか"などの質問を高校生・大学生に聞いています。恋人がまだいない人の場合、一緒に過ごしたい相手は、高校生で友人54.6%、親12.0%、いない26.9%、大学生で友人52.3%、親19.8%、いない11.7%となりました。恋人がいる人の場合は、一緒に過ごしたい相手は、恋人が1位となり、高校生で恋人50.0%、友人23.7%、親10.5%、いない10.5%、大学生で恋人60.0%、友人20.0%、親12.0%、いない2.0%となりました（片岡・園田，2010）。高校生にとって一緒にいたい相手は、親よりも友人や恋人であることがわかります。一緒にいたい相手はいないという人が大学生より高校生で多いようにみえるのは、高校生が親を選ばなかった結果と思われます。独立欲求が強く、親との距離をとりたい高校生では、友人や恋人がいない場合、結果的に一人でいることにつながってしまうのでしょう。

　中学生・高校生の相談相手を調べた調査では、悩みごとの相談相手の1位は「友だち（中学生42%；高校生60%）」、2位は「お母さん（中学生38%；高校生25%）」でした（NHK放送文化研究所，2013）。高校生のほうが「母親→友人」

という変化が進んでいます。一方、経年変化をみると、お母さんを選ぶ人が増えて（1982年11％→2012年25％）、友だちを選ぶ人が減っています（1982年74％→2012年60％）。友だちとの関係が希薄化しているのか、母親との関係が親密化しているのか、「遊びは友だちと、相談は大人に」など、場合によって相手を切り替えるようになったのか、この30年間の変化をみなさんはどう思うでしょうか。

2　他者への信頼と自分への信頼

　他者への信頼、自分への信頼、不信の3つから「信頼感」を調べた研究があります。中学生・高校生・大学生・大学院生を比較したところ、他者への信頼も自分への信頼も、大学生・大学院生のほうが中学生・高校生よりも高いことが見て取れました。逆に不信は、高校生で高くなりました。学年ごとにみてみると、他者への信頼と自分への信頼は高1が最低、不信は高2が最高となっていました。信頼感は「信頼も不信もさして感じない状態（中学生26.7％）→信頼よりも不信を感じる状態（高校生39.3％）→信頼も不信も同程度感じる状態（高校生20.1％；大学生20.5％）→不信よりも信頼を感じる状態（大学院生51.7％）」へと変化していくと考察されました（天貝，2001）。カッコ内は、その状態にある代表的な年齢層とその割合です。高校生の時期は、対人関係に警戒心を抱いている人が多い時期のようなのですが、大学生くらいの年齢になると、その警戒心は解かれていくようにみえます。高校を卒業するとクラスや部活という縛りがなくなるため、毎日一緒にいなければならない人の人数は減り、会いたいときに会いたい人とだけ会うようなゆるい（リラックスした）対人関係になるからと考えられます。

3 自分自身への回帰

　自分にとっての親友は自分。自分が一番頼りになる、自分一人でいるときが一番落ち着く、そういう人もいるでしょう。①ともにいるとき心の落ち着く相手、②困ったとき意見を重んずる相手、③これからの人生で心の支えになる相手として、だれを選ぶかを中学生・高校生・大学生に質問した研究があります（加藤, 1977）。選択肢は、父・母・きょうだい・親類・先生・同性友人・異性友人・先輩・自分・神仏の 10 対象です。①で 1 位に選ばれたのは、自分でした（男子：中学生 42％、高校生 57％、大学生 54％；女子：中学生 30％、高校生 44％、大学生 53％）。②でも自分が 1 位でした（男子：中学生 37％、高校生 51％、大学生 59％；女子：中学生 25％、高校生 38％、大学生 55％）。③も同じでした（男子：中学生 36％、高校生 50％、大学生 47％；女子：中学生 21％、高校生 32％、大学生 50％）。自分が選択される割合は、年齢とともに高くなる傾向が見て取れます。独立心が強まり、自己意識が高まる青年期には、自己を重視しようとする傾向が強く現れてきます。

　私たちはこの世に生まれて、養育者の庇護のもと、大切に育てられます。年齢が上がるにつれて関わりあう人が増え、その中で家族外の友だちや親友、恋人という親密な他者と関係を築いていきます。しかし私たちは、人とともに生きることを望みながらも、どうしても自分になることを優先し、自分として生きたい存在です。一人になりたいのではなく、自分になりたいのです。いて楽しい相手とともに過ごし、かつ自由に自分の心のままに生きられる人生をみなさんも大人になれば歩むことになります。

第 10 章

自分を好きになる人・
なれない人

　あなたは自分が好きですか？　嫌いですか？　そう問われると、はっきり答えるのは難しいかもしれません。なぜ自分のことなのに好き／嫌いとはっきり答えることができないのでしょうか。この章では、高校生の時期の自分の見方・感じ方の特徴について学んでいきましょう。

1　高校生の自尊感情と自己嫌悪感

　自分を好きと言ってしまうと、「ナルシストだね」と人から思われるかもしれない、そう考えて好きとはっきり言えない人は多いでしょう。しかし、自分を好きなことは決してダメなことではありません。自分を好きということは自分を肯定的にみていること、つまり、自分に対して嫌悪感を抱いていない状態です。したがって、自分を好き、あるいは肯定的にみているということは心理的に健康な状態ともいえるのです。

　それでは、私たちはどんなときに自分を肯定的にみることができるのでしょうか。一つは自分が他人よりも優れていると感じたときです。テストの点数が友だちよりもよかったときや友だちから容姿をほめられたときなどはわかりや

表 10-1　自尊感情、自己嫌悪感の調査項目の例

	項目例
自尊感情	私は、自分に満足している 私は、自分には見どころがあると思う 私は、たいていの人がやれる程度に物事ができる 私は自分が、少なくとも他人と同じくらいの価値のある人間だと思う
自己嫌悪感	自分で決めたことをやらずにいる自分を嫌だと感じる 生活がだらけている自分を嫌だと感じる 軽はずみな言葉で人に嫌な思いをさせる自分を嫌だと感じる 周囲の目を気にする自分を嫌だと感じる

（注）自尊感情については、それぞれの項目が自分に当てはまるかどうか考えて 1：いいえ、2：どちらかといえばいいえ、3：どちらかといえばはい、4：はいの 1 つを選んで回答する。合計得点が高いほど自尊感情が高いと判断される（桜井，2000 より作成）。また、自己嫌悪感も同様に、1：いいえ、2：どちらかというといいえ、3：どちらともいえない、4：どちらかというとはい、5：はいの 1 つを選んで回答し、得点が高いほど自己嫌悪感が高いと判断される（佐藤，1994 より作成）。

すい例です。自分は他人よりも優れている、すなわち自己優越性を感じたときは、自分を肯定的にみているといえます。それに対して、友だちのテストの結果や容姿はどうであれ、自分はこれでよい、と自分を受け入れている人もいるでしょう。この自己受容の状態も、これでよいという安心感をもって自分を肯定的にみているといえそうです。心理学では、このような自己優越性と自己受容性にともなう全体的な自分に対する肯定的な感情のことを**自尊感情**（Rosenberg, 1965）とよびます。

　一方で、テストの点数が友だちよりよくなかったときはがっかりするし、努力できなかった自分に腹を立てたりしませんか。他にも、そこまで考えなくてもよいのに、自分の容姿について人の目を気にしすぎる自分に嫌気がさしたりしませんか。このように、予定や計画を実行できない自分に対する失望や、他人の目を気にしすぎる自分への不満は、自分を肯定的にみていない状態といえます。心理学では自分への否定的な感情、すなわち「自分が、自分で、今の自分が嫌だと感じること」を**自己嫌悪感**とよびます（佐藤，1994）。

　自尊感情と自己嫌悪感の感じ方は、中学生、高校生、大学生によって異なるようです。表 10-1 の項目をもとにしたアンケート調査から、高校生の自尊感

情は大学生や社会人と比べて低い傾向にあることがわかっています（Orth et al., 2018）。一方で、高校生の自己嫌悪感は中学生、大学生と比べて高いようです（佐藤，2016）。このように、高校生の時期は、他の時期と比べると、自尊感情が低く、自己嫌悪感が高い傾向にあり、自分を肯定的にみていない人が多いのかもしれません。

2　さまざまな可能性を考えることができる高校生

　なぜ、高校生は他の時期と比べて、自分を肯定的にみることが難しいのでしょうか。その一つの理由として、考える力が発達し、友だちとの関係や自分の将来について「さまざまな可能性を考えることができるようになる」ことが挙げられます。それぞれ例を交えながらみていきましょう。

　高校生になると、これまで以上に相手の立場に立って相手のふるまいを考えることができるようになります。たとえば、友だちと話すとき、多くの人は、「こう言ったら嫌われるかな」など、相手の気持ちを考え、また、相手の表情や態度を見ながら話すと思います。そんなことは中学生、人によっては小学生のときからそうだったと思う人もいるかもしれません。高校生になると、さらに踏み込んで、「Aさんは本当は逆のことを思っているのにBさんに合わせた意見を言っているな」と、友だちの裏の気持ちを推測することができるようになります。しかし、相手の裏の気持ちをいつでも正確に推測できるわけではありません。相手に嫌われたくないがゆえ、必要以上に気を使い、その結果、変な空気になり、自己嫌悪に陥ってしまう。そんな経験はないでしょうか。

　また、自分の将来についてもさまざまな可能性を考えることができるようになります。小学生のころから夢や目標について考えてきたと思いますが、そのときと比べて、いまのみなさんの夢や目標はどうでしょうか。同じ人もいると思いますが、まったく違うという人も多くいると思います。とくに、みなさんは高校を卒業した後の進路について決めなければなりません。「A大学に進学

したいけどいまの成績では難しい」「本当はＢ大学に進学し、一人暮らしをしたいけれど経済的に難しい」など、悩んだことがある人もいるでしょう。かつてのように「パイロットになりたい」と無邪気に答えるのではなく、自分の能力、親からの期待、家庭の金銭的状況など現実的な問題を考えたうえで将来の目標を決めなければなりません。自分の能力の現状や人の期待を考えてしまうがゆえに、自分の将来に悩み、うまくできない自分に嫌悪感を抱くかもしれません。

3　理想が高い高校生

理想と現実のギャップが大きいことも高校生が自分を肯定的にみることができない理由の一つかもしれません。友だちと楽しく話したり、将来の目標に向かって勉強したり熱心に部活に取り組むことは、みなさんが考える理想的な自分かもしれません。そのような日々を過ごしている人は、理想と現実のギャップが小さく、自分のことを肯定的にみているかもしれません。しかし、わかっていても理想通りにはいかないのが現実ではないでしょうか。ちょっとしたことで友だちとケンカしたり、勉強に身が入らなかったり、理由もなく部活を休んでしまったりすることはだれしもあることです。理想と違った自分に直面すると、自分にガッカリし、どうして努力できないんだろうと自己嫌悪に陥るかもしれません。あるいは自分の理想的な友だちをみて、自分との差を感じ、自尊心が低下するかもしれません。このように、理想と現実のギャップは自尊心や自己嫌悪感と関連します。

理想と現実の差についてアンケート調査をした結果からは、大学生や社会人に比べて高校生がそのギャップがもっとも大きいことがわかっています（松岡,2006）。理想を高くもつことは大事かもしれませんが、そのギャップが大きい高校生は、自分を肯定的にみるのが難しい時期なのかもしれません。

4　自分を変え、自分らしさを見出すために

　このように、高校生の時期は、中学生の時期と比べて、さまざまな可能性を考えることができるため、また、理想と現実のギャップが大きいため、自尊感情が低く、自己嫌悪感が高い傾向にあるようです。また、高校生は、大学生の時期と比べて、勉強やスポーツなど他者と比べられる機会が多いため、他者（あるいは理想の自分）と比べて、できる／できない自分に直面しがちです。このように、高校生の時期は、全体的に自分についての感情が混乱しやすく、自分に悩みがちなつらい時期といえるかもしれません。

　その一方で、つらい時期がずっと続くわけではありません。高校生のときに自尊心が低く、自己嫌悪感が強いということは、それ以降は逆、すなわち自尊感情が高く、自己嫌悪感は低下するということです。いまは、自分について肯定的にみていないとしても、進路を決定し、進学先あるいは就職後にさまざまな経験を経ることで、自分を肯定的にみることができるようになります。それは理想の自分に向けて自分を変えていく過程であり、自分らしさの感覚であるアイデンティティを見出す過程ともいえます。11章では、自分を好き／嫌いについてさらに理解を深めるために、より心理学的な自分のとらえ方である自己、自己変容、アイデンティティについて学んでいきましょう。

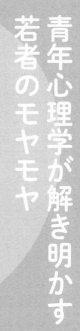

3

青年心理学が解き明かす
若者のモヤモヤ

第**11**章

自分のことなのに
なぜわからないの？
自己・自我の心理学

1　どうしていろんなわたしがいるの？

　心理学では、自分を自己（self）とよび、そのあり方を研究してきました。自己の特徴を知ることは、いまのみなさんが抱えている自分の悩みをより深く理解するうえで重要です。ここでは、自己についてさらに深く学び、自分についてのモヤモヤとイライラの原因を探っていきましょう。

● 考えるわたしと考えられるわたし

　図 11-1 をみて、「私は」に続く文章を完成させてください。みなさんはどんな文章を書きますか。「高校生です」「人と話すのが好きです」、などさまざまなわたしについて書けますね。これは 20 答法とよばれるもので、あなたがもっている自分についてのイメージを浮かび上がらせる手法です（詳しくはKuhn & McPartland, 1954）。

　ここで、「私は、人と話すのが好きです」とイメージするということについて考えてみましょう。これは、わたしが人と楽しそうに話している自分を想像

1. 私は、_____

2. 私は、_____

3. 私は、_____

4. 私は、_____

5. 私は、_____

図 11 − 1　20 答法の一部

し、「私は人と話すのが好きだな」、と判断しているといえます。ここでのポイントは、わたしを考えるということは、考えているわたしと、考えられているわたしがいる、ということです。ジェームズは、この 2 つのわたしに着目し、考えているわたしを「I としての自己」あるいは自我、考えられているわたしを「Me としての自己」あるいは自己とよびました。自我は、考えようとした時点で自己になるため、どうやっても考えることができません。そう考えると私たちがふだん考えているわたしとは、自己といえます。

● わたしの複雑化と重要なわたし

　自己は、自我の考える力が発達するにしたがって複雑化していきます。とくに、高校生になると、自分の将来や他者との関係性についてさまざまな可能性を考えることができます。それらの可能性に関する自己は、身体に関するもの、性格など内面性に関するもの、学業に関するもの、と領域ごとに形成され、時と場所を考慮しない全体的な自己から具体的な場面の自己まで無意識に階層的に整理されていきます。図 11-2 は、自己のあり方を階層的に示したものです。上位になるほど抽象的・全体的な自己であり、下位ほど個別・具体的な自己を表します。このように、自己の発達とは、自我の考える力の発達と、それにともない自己が複雑になっていく過程です（溝上，2008）。

　私たちは無数の自己をもっていますが、それらがすべて自分にとって重要と

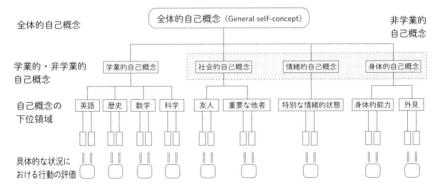

（注）Shavelson, Hubner, & Stanton（1976）のFig.1を溝上（2008）が翻訳・作成したものを使用した

図11-2　階層的・多元的な自己概念の構造

いうわけではありません。たとえば、「私の足の爪は友だちより少し大きい」
という自己があったとしても、特段の理由がなければそれは重要な自己ではな
いでしょう。その一方で、友人関係に関する自己はどうでしょうか。友だちと
仲良く話した日は楽しい気持ちで一日を過ごせると思いますが、ケンカした日
は一日を嫌な気持ちで過ごすでしょう。このように、自己には、わたしの見方
全体に強く影響を及ぼす領域があります。特に、高校生の時期は、進路、親、
友人、異性との関係、勉強、部活動などが重要な領域となります。こういった
領域におけるよい・よくない経験は、わたしの見方に影響するため、私たちの
自尊感情や自己嫌悪感と強く関連します。

● **無数のわたしからなる全体としてのわたし**

　このように、私たちはみな、さまざまな領域で自己を同時にもっており、その
領域ごとに意識・無意識に自分を肯定的にみる・みないという判断をしていま
す。たとえば、成績がよく、部活でも活躍できているけれど、友だちとの関係
があまりよくない場合は、自分を肯定的にみることができるでしょうか。この場
合、自分が何を大事に思っているか、つまり自己の重要な領域によって、自己

全体の評価は変わりそうです。勉強を何よりも重要だと考えている人、つまり勉強に関する自己の領域が重要と考えている人は、全体的に自分を肯定的にみているでしょう。その一方で、友人関係が何より重要と考えている人、言い換えると友人関係に関する自己の領域が重要と考えている人は、他のすべての領域での活動がうまくいっていても自分を肯定的にみていないかもしれません。このように、領域ごとの自己と全体としての自己は密接に関連しているのです。

　一方で、自己は必ずしも明確というわけではありません。なぜなら、私たちのふるまいはすべての領域において一貫しているわけではないからです。たとえば、学校では先生の言うことを真面目に聞いても、親の言うことにはつい反抗してしまう、そんな経験はありませんか。また、ある友だちのグループでは、気を使いながら話す一方で、別のグループでは、思うままに話せるということもあるでしょう。このように私たちはみな、置かれている状況にあわせてふるまいます。それは時に他の場面でのふるまいと矛盾することもあります。このように場面によってわたしが異なることを**自己の多元性**とよびます。自分のふるまいが場面によって違いすぎると、自己が混乱しますね。このように、私たちは、さまざまな自己を同時にもち、時に混乱しながらもそれらのバランスをとって全体としての自己を形づくっているのです。

2　わたしって変われるの？

　自分を変えたい、そう思ったことはありませんか。その一方で、どうしたって自分は変わらない、そう考えている人もいるかもしれません。この節では、自分の変化に関するこれまでの研究を紹介しながら、みなさんが自分を変えるための糸口を見つけていきたいと思います。

● **自分を変えたいという気持ち**
　高校生に「変わりたいと思ったことがありますか？」と尋ねると、9割近く

表 11-1　高校生はどんな自分を変えたいと思っているか？

カテゴリー	具体例	割合
動機づけ・自己制御	やる気のない	39.9%
生活上の管理	朝起きられない	14.2%
社交性	人見知りな	12.8%
精神性	メンタルが弱い	9.8%
対人的調和	わがままな	9.6%
達成・知識	勉強ができない	8.9%
個別性	個性がない	3.5%
外見	太っている	1.4%

の人が YES と答えます（千島，2019）。それでは、自分の「どこ」を変えたいと思う人が多いのでしょうか。表 11-1 は高校生を対象にしたアンケート調査を集計したものです。とくに、やる気のなさ、生活のコントロールのできなさ、社交性のなさに関する内容の割合が多いことがわかります。一方で、変えたいと思ってはいるが、「どこ」を変えたいのか思い浮かばないという人は全体の22%、「どこ」を変えたいかはわかっても、「どうなりたいか」までは思い浮かばないという人は全体の 5% 程度いました。このように、自分を変えたいと思ってもどこをどう変えればよいのかわからない人もいるようです。

　このような質問について、中学生〜大学生までの調査結果を比較すると、年齢が上がるほど、「どこ」を「どう」変えたいかが明確になっていくことがわかっています。この変化を 3 つの段階にまとめると、①「変わってみたい」と思う段階、②「このままではいけない」と焦る段階、③「理想の自分に近づきたい」と望む段階です。高校生は、比較的②の段階にいる人が多い時期であり、理想の自分を見つけ出している最中といえそうです。

　次に、人生の長いスパンから高校生という時期をみてみましょう。図 11-3は、変わることへの関心、変わりたいという気持ち、自尊感情の 3 つの得点を、年齢ごとに比較しています。変わることへの関心は、高校生でもっとも高く、

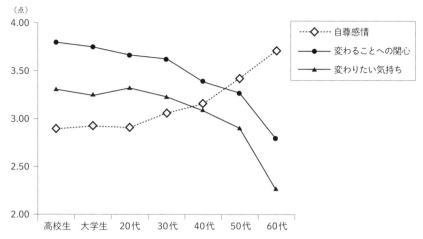

（注）得点の範囲は「1. まったくあてはまらない」～「5. とてもよくあてはまる」。

図 11-3　年齢ごとの得点の変化

それ以降は低下していくことがわかります。一方で、自尊感情はそれとは逆に、年齢を重ねるごとに上がっています。高校生の時期は、自分の変化を強く望む時期であり、それは自分自身を肯定できないという心情と関係していることがわかります。

● **変わりたいと思えば、変われるのか**

　それでは理想の自分に向けて、現在の自分を変えることができるのでしょうか。この問いに答えるためには、そもそも変わるという言葉の意味を考える必要があります。どのような状態になれば、「変わった」といえるのでしょうか。「私は変わったなぁ」という主観を重視するのか、「あなたは前と比べて変わったね」という他者からの客観的な意見を重視するのか、「アンケートの得点が何点～何点に増えた（減った）」という数字の変化を重視するのかなど、さまざまな考え方があります。

　ここでは、**性格の変化目標**（ある性格になりたいという目標）をもっている人を追跡して、実際にその性格に近づいたかどうかを調べた研究を紹介します

（Hudson et al., 2020）。この研究では、1回目のアンケートで答えた自分の性格の得点と、2回目の得点に大きな差があれば、性格が変わったとみなす立場をとっています。分析の結果、性格の変化目標をもっていた人は、4か月後にある程度望んだ通りの方向に性格が変化していました。とくに、「社交的になりたい」「落ち込まないようになりたい」という目標をもっていた人は、そうでない人と比べて、望んだ通りの変化がみられました。

　なぜこのような変化が生じるのでしょうか。その一つの説明として、明確な変化目標をもっている人は、その目標に沿った行動をとると考えられています。たとえば、社交的になりたいという明確な目標をもっている人は、日常生活の中で社交的にふるまう機会を見つけて実際に行動し、その結果として、望んだ通りの変化を起こしているということです。

　性格を変えたいと思っている人を対象として、変える手助けをするようなトレーニングプログラムもつくられています。このプログラムでは、社交的になりたいと思っている人に対して、実際に日常生活の中で、社交的にふるまうことができるようにサポートします。たとえば、一日に1回はふだんあまり話さない人に話しかけてみるといった行動目標を設定します。これらの行動目標の内容は、自分で決めることができ、可能な範囲で行動してもらいます。このトレーニングを4か月間続けると、ある程度望んでいる性格に近づけることがわかっています（Hudson et al., 2019）。

　これら2つの研究は、ただ、なんとなく変わりたい、と考えているだけでは性格は変わりにくいこと、自分を変えたいと思ったときには、なりたい自分についての具体的な目標をもち、それに向かって行動することの大切さを教えてくれます。

● 「変えること」と「受け容れること」の不思議な関係

　最後に、自分を変えるためのポイントを一つお話ししたいと思います。変化を望むとき、人はいまの自分を否定しがちです。「ダメなわたし」にどうしても注目してしまいます。しかし、否定的な自分ばかりをみていると、前向きな

解決策が見えず、悩みが深まるかもしれません。そこで、否定するのではなく、ひとまず自分を受け容れてみてはどうでしょうか。思いやりをもって自分自身に接してみると、冷静に自分の弱さと向きあうことができて、その弱さを改善する行動をとれるようになります（Breines & Chen, 2012）。カウンセリング理論で有名なカール・ロジャーズも、以下のように述べています。「興味深いパラドックスは、ありのままの自分を受け容れた時、その人は初めて変わることができるということだ」（Rogers, 1961）。自分の嫌な部分を全否定するのではなく、そんな自分を正面から受けとめることから始めてみてはどうでしょうか。

3　わたしらしさってなに？

　みなさんは、進路を明確に決めて努力している人と自分を比べて、「わたしって本当は何をしたいんだろう？」「わたしらしい生き方ってなんだろう？」と悩むことはありませんか。どんな生き方ができるのか、自分に合っているのかを知ることは、みなさんが幸せな人生を送るために重要なことです。

● わたしらしさを支えるアイデンティティ

　わたしらしさに悩むことは、言い換えれば、自分のアイデンティティに悩むことを意味しています。アイデンティティとは、自分がどんな人間で、社会の中で何をして生きていくのかに関する一貫した自覚のことです。

　アイデンティティは、さまざまな自己（わたし）の側面を見つめ直すことでみえてきます。たとえば、みなさんは、「昔は暗い性格だった」「部活をがんばっている」「将来は結婚したい」など、過去・現在・未来にわたる自己の側面をもっています。また、「看護師に興味がある」「家族と仲が悪い」「歴史の勉強が得意」のように、職業・家族関係・教育など、さまざまな領域についての自己の側面を同時に持ち合わせているはずです。こうした自己の側面には、自分にとって重要なものもあれば、そうでないものもあります。アイデンティ

カオル
（17歳）

小学生のころ、病気で入院している子どもと、遊びを通じて関わって心理的援助をする仕事を知りました。そういう子って笑顔が少ないんですけど、その仕事の人と関わってるときはみんな笑顔になるって話を聞いて、すごく良い仕事だなって感じて。中学・高校でもそれを目指してきたので、その話を聞いたのが、人生の転機かなと思います。将来は病気の子どもと関わる仕事に就いて、彼らの笑顔を増やしていけたらいいなと思います。

自分は医者になりたいと思っています。自分の父親は日本人でなくて、やっぱり少数派なわけで、これまでいろいろと嫌な経験をしてきました。いま、日本でも多様な民族の人が増えてきてますから、そういう患者さんが困っていることをちゃんと理解して、助けられると思うんです。

ユウキ
（16歳）

マコト
（17歳）

進路選択のときに突然、自分が何になりたいのかわからなくなったんです。それまでは周りに流されてただけなんだなって思って。親の期待通りに高校受験したり、友だちが一緒だからいまの部活に入ったり。自分の人生が自分の選択で決まるって言われたときに、怖くて行き詰まってしまいました。

図11-4　アイデンティティについての語りの事例

ティと聞くと、こうしたさまざまな自己の中からとくに重要なものを一つ選ぶことを思い浮かべるかもしれません。しかし、実際のアイデンティティは、さまざまな自己のどれか一つを選ぶのではなく、重要な自己の側面を取捨選択したり、自分なりのやり方でまとめたりすることでみえてくるのです（アイデンティティ統合）。

　さまざまな自己の側面からアイデンティティがどのようにつくられるのかを詳しく理解するために、実際の事例をいくつかみてみましょう（図11-4）。

　カオルさんの事例では、病気で入院している子どもに心理的援助をする職業に興味をもった過去の自己と、それを目指している現在の自己、病気の子どもの笑顔を増やしたいという未来の自己が連続性をもってつながり、進路についての明確な自覚を支えていることがわかります。ユウキさんの事例では、医者という職業の領域についての自己と、少数民族であるという民族性の領域についての自己が結びつくことで、患者を深く理解し助けられる医者を目指すとい

アキラ
（17歳）

私は商業高校にいるんですけど、去年、経営をもっと勉強したいから大学に行きたいって親に言ったとき、すごく反対されたんです。とくに父は「どうせ公務員になるなら大学行かずに公務員試験を受けたほうがいいだろう」って怒って。迷ってるんですけど、自分の道は自分で決めたくて……。バイトの先輩も「同じ公務員なら、早いほうがいいんじゃない？」って言うんですけど、逆に友だちは、将来後悔しないようにやりたいことをやるべきって言ってくれるんです。今はどちらかといえば大学に行きたい気持ちです。

図11-5　アイデンティティと社会からの期待に折りあいをつける事例

う独自のあり方が表れています。このように、自分なりのやり方でさまざまな自己の側面をまとめてアイデンティティをつくることは、「わたしらしい」人生や進路の選択に対する、積極的な取り組みや努力（コミットメント）の基礎になります。それに対して、マコトさんの事例では、自分が過去と現在にわたって周りに流されて生きてきたことに気づき、将来の自己が不明確になっています。そして、進路について明確なコミットメントをすることができない、アイデンティティ混乱の状態に陥っています。

● 周りの他者や社会との折りあいをつける

　アイデンティティをつくり「わたしらしさ」を明確にしたとしても、それが周りから受け入れられないこともあります。その場合には、さまざまな自己の側面を見つめ直すだけでなく、周りの他者や社会からの期待との折りあいをつけることが必要になります。以下の事例を見てください（図11-5）。

　アキラさんの事例では、大学進学をして経営について学びたいというアイデンティティは明確であるものの、それが周りの他者に受け入れられていません。そのため、自身のアイデンティティに自信をもてず揺らいでいます。それに対して、アイデンティティが周りの他者に受け入れられている場合には（たとえば、選んだ進路について応援してもらえるなど）、アイデンティティの土台を得ることができます。つまり、自信をもってわたしらしく生きるためには、周りの他者や社会との間に自分なりに折りあいをつけることも重要なのです。

● アイデンティティを明確にするためのコツ

　アイデンティティを明確にすることは重要ですが、勉強や部活など多くの活動に追われ、自分と他人を比べて落ち込みやすい高校生の間は、自身のアイデンティティが埋もれてしまって気がつきにくいです。そういった場合に有効なのは、「わたしらしさ」に気がつく助けをしてくれるような、よい聞き手を見つけて会話を重ねることです。人は自分の頭の中で考えるだけでなく、自分について他人に説明し、それに対する反応から教訓や洞察を得ることを通して、自己への理解を深めます。たとえば、最近経験したことについて他人に話したとき、よい聞き手は、その出来事は何だったのか、だれと経験したのか、そのときに何を思ったのかなどについて詳しく尋ねる質問を返してくれます。こうした質問への返答を考えることは、経験した出来事をもとに自分がどういう人間なのかをふり返ることを促し、アイデンティティを明確にする助けになります。みなさんの親や周りの友人の中からよい聞き手を探して会話を重ねたり、学校の先生との進路相談を有効に活用したりすることが、「わたしらしさ」の基礎になるアイデンティティをつくるために重要なのです。

『自己の心理学を学ぶ人のために』

梶田叡一・溝上慎一編　世界思想社　2012 年

　本章で扱った自己の研究は一例にすぎません。自己は、社会心理学、人格心理学、認知心理学、発達心理学、青年心理学、心理臨床・精神分析などさまざまな分野で幅広く研究されています。この本では、これらの分野の自己研究が読みやすくまとめられています。この本を通じて、自己の学びが深まるだけでなく、いまの自分とは違った自分に出会えるかもしれません。

『スタンフォードの自分を変える教室』

ケリー・マクゴニガル著　大和書房　2012 年

　この本は、意志力について研究している心理学者が書いた本です。主に動機づけや自制心などのテーマについて、科学的な研究結果に沿って書かれています。そのため、やる気のない自分を変えたいと思っている人は、多くのヒントが得られるはずです。変わろうと思うだけで、実際には行動に移さない人の心理なども解説していて、自身の経験と照らしあわせながら読むことができます。

『アイデンティティ —— 時間と関係を生きる』

白井利明・杉村和美著　新曜社　2022 年

　みなさんが抱えるアイデンティティの悩みは、人によって大きく異なります。本章で紹介したアイデンティティ混乱以外にも、たとえば、時間的展望の拡散や否定的アイデンティティなど、多様な種類があります。この本では、こうした多様なアイデンティティ発達上のつまずきや、アイデンティティ発達研究の最新の動向について、より詳しい内容を学ぶことができます。

第12章

性格って
どうしようもないの？

パーソナリティの心理学

1　性格は完成するの？

　みなさんは、自分をどのような性格だと思いますか？　自分の性格が好きですか？　すぐにくよくよする自分が嫌い、とか、あの人みたいにもっと明るく社交的になれたらいいのに、など、いまの自分の性格に満足していない人も多いと思います。ここでは、心理学における性格のとらえ方について、また、性格は変わるのか、完成するのか、について考えます。

● 性格って何？

　みなさんの周りにいる人たちを思い浮かべてください。同じ年齢でも、同じ性別でも、兄弟姉妹でも、あるいは同じ部活に入っていたり同じ趣味をもっていても、物事に対する考え方や感じ方、何かの出来事に直面したときの行動などはとても多様で個性的です。心理学では、そのような個人の違いや、その人らしさを説明するための概念として、**性格**（**パーソナリティ**ともよびます）についての研究が盛んに行われてきました。

性格は、「感情、思考、行動の一貫したパターンを説明する、その人の諸特徴」などと定義されます。私たちは日々、いろいろな場所でいろいろなことを経験していますが、性格は、時間の経過、場や環境にあまり左右されることのない、個人の特性です。たとえば、性格の一つともいえる楽観性は「物事はうまく進み、きっとよいことが起こるに違いないと考えやすい特性」のことです。私たちの中には楽観的な人もあまり楽観的で

図 12-1　性格の 5 つの特性
(Costa & McCrae, 1992 より作成)

ない人もいますが、楽観的な人は、テストで失敗したり、失恋したり、それ以外にも何かよくない事態が生じたときに、ある程度一貫して「これはあくまでも一時的なことで、次は大丈夫」と考えて、次の行動に向かっていきます。このように性格は、出来事や環境に対する独自の向きあい方のもととなるものといえます。

　ところで、性格にはいくつの種類があるでしょうか。これまでに多くの研究者が、性格を表現するたくさんの言葉（やさしい、温和な、攻撃的な、まじめな、など）を統計的な基準を用いて整理してきました。なかでも **5 因子理論** が有名です。これは、人の性格は図 12-1 に示した 5 つの特性で表現できるというものです。具体的にみてみましょう。

　第 1 の特性は「神経症傾向」で、感情面、情緒面での不安定さを表します。第 2 の特性は「外向性」で、積極的に外の世界に向けて行動していく志向性を表します。第 3 の特性は「開放性」で、知的好奇心や新しい経験を重視する傾向を表します。第 4 の特性は「調和性」で、周囲の人に対する配慮や控えめで

あるなどの特徴を表します。そして、第5の特性は「誠実性」で、勉強や仕事に一生懸命に取り組むまじめさや計画的であることを表します。これらを体系づけたビッグファイブの理論によれば、私たちは多かれ少なかれこれらのすべての特性をもっており、私たちの性格は、これらの特性の高さ、低さによって説明することができます。

● 性格は変わるのか？

　みなさんはいま、高校生ですが、将来、同窓会に参加することがあるかもしれません。数十年後に再会したとき、みなさんや同級生の性格は、いまのままでしょうか？　あるいは変化しているでしょうか？

　以前の心理学では、性格は一定の年齢を過ぎるとほとんど変化しないと考えられていました。しかし、最近になって、性格の変化を明らかにしようとする大規模な研究が多く行われるようになり、生涯を通じて性格は変化していくことがわかってきました。図 12-2 は、先に示した5つの性格特性の加齢にともなう変化を示したものです。まず、「神経症傾向」は加齢にともなって低下し、

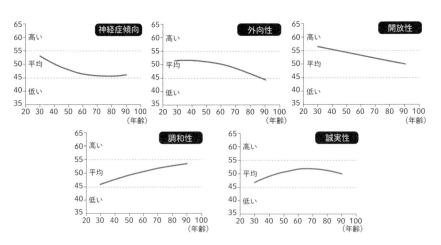

図 12-2　性格の5つの特性の加齢にともなう変化
(Terraceiano et al., 2005 より作成)

　　　　　　　　第3部　青年心理学が解き明かす若者のモヤモヤ

70歳ごろから低く維持されており、年を重ねると情緒的に安定していく傾向がわかります。「外向性」と「開放性」は、加齢にともなって低下しており、外の世界への志向性や、知的好奇心は若いころにもっとも高く、その後は低下していく傾向にあるようです。一方、「調和性」は加齢にともなって上昇しており、年を重ねると、周囲の人々のことを考え、利他的になる傾向があります。「誠実性」は70歳ごろまで上昇し、その後わずかに低下しています。計画的でまじめという特性は、大人になって社会に出たり、新しい家族をつくったりする過程で向上していく、ということでしょうか。「三つ子の魂百まで」という言葉があるように、小さいころに性格は決まってしまうからどうしようもない、と考えている人も多いかもしれませんが、心理学の研究成果は、私たちの性格は生涯にわたって変化し続けることを示しています。

● 性格は完成するのか？

　これまでみてきた性格の変化は、あくまでも平均的な変化です。人生のどの時期に、どのようなことがきっかけで変化するか、人それぞれに性格の変化は多彩です。だれしも、学業の面や対人関係などについて、時に失敗したり、うまくいかなかったりすることがあると思いますが、その機会に自分をふり返って、勉強の計画の立て方を改めてみたり、相手の話を聞くようにしてみたりすることが、性格（この場合、誠実性や調和性でしょうか）の変化に関わるかもしれません。また、私たちは大人になってからも、さまざまな出来事や出会いを経験したり、社会や家族においてさまざまな役割を果たしたりします。それまでの生き方や考え方を大きく変えるような転機を迎えることもあります。このような大人になってからの環境の変化やライフイベント（人生の重要な出来事）の経験も、性格の変化に影響すると考えられています。

　では、私たちの性格は完成するのでしょうか？　これまでみてきた性格の特性は、どれが良くてどれが悪いというものではありません。たとえば、「神経症傾向」は低いほうがよいと思われがちな特性ですが、ある程度の神経症傾向の高さは、健康診断の受診などの健康行動につながり、病気の予防に効果的で

あることが報告されています。「外交性」の高さは人と積極的に関わる仕事に就く場合には役立ちそうですが、内的な世界を重視にする人にとっては、あまり重要ではないでしょう。また、同じ人においても、人生の段階（たとえば、若いころと高齢になってから）や生活の場面（たとえば、仕事と家庭）によって、こうありたいという性格は異なりそうです。このように考えてみると、性格はどこかで完成するというものではなく、私たちがさまざまなことを経験していく中で、生涯にわたり緩やかに、しなやかに変化していくものといえそうです。

2　性格が合う、合わないってどういうこと？

　日常生活を送る中で、「この人とは性格が合うな」と思う相手がいる一方で、「この人とは性格が合わないな」と思う相手がいると思います。高校生のみなさんは、家族、先生、友だちと性格が合わないことで悩む人もいると思います。ただ、なかには恋人や、またはこれからできる恋人との性格が合わないことに悩む人もいるかもしれません。家族、先生、友だちと比べ、恋人との性格の相性は、気になるところなのではないでしょうか。恋人と安定した長期的な関係性を築くためには、性格が合う人とつきあう必要がありそうです。しかし、性格が合うとは実際にどういうことなのでしょうか。ここでは夫婦関係における性格研究をもとに考えていきましょう。カップルは男女に限定されませんが、夫婦関係の研究が多いので、以下では一律に夫婦と記載しています。

● 夫婦は似ているのか？　似ていないのか？
　高校生のみなさんの間でも、自分に性格が似ている人を恋人にするのがよいのか、性格が似ていない人を恋人にするのがよいのか、という話題がよくあるかと思います。ではここで、似ているとはどういうことなのかを考えてみましょう。みなさんの同じクラスの友だちと、他県に住む知らない高校生を想像してみてください。どちらのほうが、みなさん自身に似ているでしょうか。二

人を比べれば、みなさんとより似ているのは友だちのほうかもしれません。友だちのほうが性格だけではなく、価値観、家庭環境、口癖など、似ている点が多いのではないでしょうか。このように、異なる県の高校生の組み合わせよりも、同じクラスの友だち同士のほうが似ていると考えることができます。つまり、似ているとは、まったく関係のない比較対象よりも、対象との間に共通点が多いことであるといえます。

　心理学では友人や夫婦のように長期的によい関係が続いている仲において、お互いが似ていることを**類似性**、お互いが似ておらず、お互いにないものをもっていて補いあうことを**相補性**とよんでいます。たとえば「明るさ」について考えてみると、妻が明るいのと同程度に夫も明るければ類似性、妻が明るいけれど夫が暗ければ相補性があるといえます。ではこれらをふまえ、長い期間関係性を築いている夫婦の性格は、似ていることが多いのでしょうか。それとも、似ていないことが多いのでしょうか。

　ドラマやアニメに出てくる夫婦を思い返すと、妻は能天気で夫はせっかちだとか、妻は気が強く夫は気が弱い、のように、夫婦の性格には相補性がみられそうな気もします。しかし、近年の研究では、夫婦の間には性格の相補性よりも類似性のほうが多いと考えられています。ただし、すべての研究で類似性が強く示されているわけではありません。多くの研究では赤の他人に比べれば夫婦のほうが少しだけ似ている傾向がある、という程度のようです。また夫婦においては性格よりも、年齢、教育水準やライフスタイルのほうがより似ていることを確かめた研究者もいます。つまり、夫婦は相補性よりは類似性がみられますが、すべてにおいて似ているというわけではないようです。

● **夫婦はもともと似ているのか？　似てくるのか？**

　夫婦はまったく似ていないというわけではなく、また互いに補いあうような相補性よりも、似ている類似性のほうが多いといえそうです。では夫婦は、もともと結婚当初から似ているものなのでしょうか。それとも、一緒に過ごす年月の中で似るようになってくるのでしょうか。夫婦の顔は年月を経て似てくる

といいますが、はたして、性格はどうなのでしょうか。

　ここでは、結婚期間の長さと性格の類似性の関係を調べた研究を紹介します。新婚夫婦から結婚後約40年の夫婦まで、1200組以上の夫婦の性格の類似性を調べた研究があります。この研究では、結婚している期間が長い夫婦ほど、性格が類似しているという結果は得られませんでした。つまりこの結果からは、夫婦の性格は年月を経て類似してくるというわけではなく、もともと似ている傾向があると考えることができます。それはなぜでしょうか。たとえば似ている夫婦の場合、相手を選択する段階で自分と性格が類似している相手を選んでおり、それが長く安定した関係性が続くことにつながる可能性があるのです。そもそも性格というものは、長年にわたって安定する傾向があるものと考えられているため、まったく性格の違う二人が一緒にいても、二人の性格が近づいてぴったり一緒になることは考えにくいのではないでしょうか。ただしもちろん、個別の夫婦をみれば、一緒に暮らすことで似てくるケースはありえます。しかし、長年一緒にいるから似てくるのだという法則は、研究結果から言うことはできません。夫婦は長く一緒にいれば似てくるわけではないということから、もし相手に不満があったとしても、相手が自分の思うように変わってくれるだろうと、過度な期待をしないことが重要かもしれません。

● **夫婦が似ているのはよいことか？**

　ここまで、夫婦は性格がそこまで似ているわけではないこと、また似ているとしたらもともと似ていることを述べました。では、夫婦の性格は似ているほうがよいのでしょうか。そして、似ていないことは「合わない」ということなのでしょうか。この問題について、夫婦の結婚生活に対する満足度を調べた研究が数多く行われています。夫婦の性格の類似度と結婚生活に対する満足度の高さの関係性を調べた研究の中には、夫婦の性格が似ていると、満足度が高いと結論づけているものもあります。しかし現在では多くの研究で、性格が似ていることと満足度には特に関連がないという結果が示されています。この結論の根拠として多くの研究者が引用している研究を以下で紹介します。

この研究は、夫婦の類似度と満足度の関連について、イギリス、オーストラリア、ドイツの計2万3000人以上を対象に調べたものです。この大規模な調査では、夫婦が似ていると満足度が高くなるという結果は得られていません。さらに満足度の高さに対して影響が大きいのは、夫婦の類似性ではなく、自分の性格とパートナーの性格であることがわかっています。二人の性格が似ているかどうかにかかわらず、自分の性格やパートナーの性格がより協調的で、まじめで、精神的に安定していることが、よい関係性には大切だということがわかったのです。夫婦の性格は似ていればうまくいくとは限りません。夫婦の性格が似ていなくても、互いのよいところを認めあっていくことで、よい関係性を築くことができるのではないでしょうか。

　ここまでいくつかの研究から、第一に夫婦の性格というものは相反するよりは類似する傾向があるもののそれほど似ていないこと、第二に似ているとすればもともと似ている傾向があること、そして第三にたとえ似ていたとしても関係の満足度を高めることにつながるとは限らないと述べました。つまり、夫婦の性格を研究した心理学の研究からは、夫婦の性格が似ていれば何事もうまくいく、とは一括りにはいえないようです。互いに性格が似ている夫婦でうまくいくこともあればうまくいかない場合もありますし、似ていない夫婦でもうまくいくこともあればうまくいかない場合もあるということですね。ですから、みなさんは恋人と自分の性格が合っているかどうかを気にするのではなく、お互いの性格をよく理解しあいながら関係を構築していくことが大切ではないでしょうか。もしかしたら、お互いに相手のことを十分に理解しあうことが「性格が合う」ということなのかもしれません。

3　見た目で性格はわかるの？

　私たちは人の顔を見ると、すぐに「怖そう」「やさしそう」「賢そう」などと、何らかの印象を抱くものです。顔を見たときに、私たちはあまりにも自動的に

印象を作りだしてしまいますので、あたかも私たちの人となりがそのまま顔に表れてくるように思えてしまいます。また、顔を見るだけで性格を判定する人も、マスメディアに登場することがあります。では実際に、心理学の研究では、顔を見ただけでその人の性格がわかるという研究結果が得られているのでしょうか。

● 自他理解のために

もしも顔を見ただけで相手の性格や人となりがわかるのであれば、便利なものだと思うでしょうか。あるいは、自分の顔を見られるだけで自分の内面が知られてしまうかもしれないことを意味するのですから、困ったものだと思うでしょうか。ただし、もしも私たちが他の人の顔から「この人はこういう人だろう」と思ったとしても、その推測が間違っていたとしたらどうでしょうか。また顔を見て「自分の顔から周囲の人はこう思っているだろう」と考えたとしても、もしもその考えが間違っていたとしたら……それもまた、困ったことになりそうです、あまりにも。

できれば、自分自身や他の人のことを理解するためにも、この問題をどのように考えるべきなのか、そしてどのように考えていくとより正しい答えにたどり着く可能性が高くなるのかを理解したいところです。

● ビッグファイブパーソナリティ

顔と性格との関係を理解する枠組みでよく用いられるのは、第1節「性格は完成するの？」でも説明した、5因子理論やビッグファイブです。

5つの性格の要素それぞれを**パーソナリティ特性**とよぶのですが、これらはどれか一つをとるものではなく、それぞれについて「高い」「低い」と量で表現されるものです。たとえばある人は**外向性**が10点、**神経症傾向**が5点、**開放性**が7点、**調和性**が8点、**誠実性**が3点となり、また別の人は違う得点になる、といった具合です。

まるで、学力テストで国語、数学、英語、理科、社会それぞれに得点がつく

ようなものです。ただし、5因子理論やビッグファイブの5つの要素を、学力テストのようにすべて合計することはありません。このように、一つひとつの性格を細かくとらえていくことで、顔の特徴との微妙な関連を確認することができるのです。

● 顔との関連を調べる方法

　さて、顔と性格との対応関係はどのように調べたらよいのでしょうか。

　たとえば、正面を向いた顔写真を撮影するのはどうでしょうか。撮影する前後に、ビッグファイブパーソナリティの**検査**を用いて自分自身を評定してもらいます。ある顔写真とその本人の性格の情報を手に入れるというわけです。これを100人に実施して100枚の顔写真と性格の情報を手に入れます。次に、本人を直接知らない複数の第三者に、顔写真だけを見せて性格の評定をお願いします。ここでもやはり、ビッグファイブパーソナリティを用いましょう。1枚の顔写真を5名が見て、それぞれが性格を評定します。

　以上のような手続きを経ることで、1枚の顔写真につき、本人の性格と、5人の第三者が評定した性格の情報が手に入ります。あとは、写真の本人が評定した性格と、第三者が顔写真だけを見て評定した性格の情報とが、どの程度一致するのかを統計的な手法を用いて検討することで、顔だけを見て性格を推定することができるのかが明らかになるというわけです。実際の研究ではもっと細かい点に注意を配るのですが、おおよそこのような手続きで研究が行われることをイメージするとよいと思います。

● 推定できるのか？

　さて、まず複数の人々が同じ顔を見て、同じような印象を抱くのかどうかを検討すると、多くの研究でその傾向があるという結果が得られています。私たちは、同じ顔を見ると、共通した印象を抱く傾向があるといえます。

　しかしその一方で、顔写真を提供した本人が評定した自分の性格と、顔写真だけを見て複数の人が評定した性格とがどれくらい対応するかというと、たと

えある程度の対応が研究の中で見つかったとしても、その関連の大きさは、小さいものだと言わざるをえません。研究の結果からすると、目の前の人の顔の形だけを見て相手の性格を当てることは、なかなか難しいと考えられます。

　その一方で、顔写真を見て多くの人が一致した判断をするということは、人々が特定の顔に対して特定の印象を抱きやすいということを表しています。これまでの研究でも、笑顔は周囲の人々にとてもよい印象を与えることがわかっています。それがたとえ本人がもつ性格とは無関係だったとしても、周囲の人々と笑顔で接することを心がければ、結果的に自分自身によい結果をもたらすといえるでしょう。笑顔を心がけてみるのはどうでしょうか。

『性格とは何か ── より良く生きるための心理学』

小塩真司著　中央公論新社　2020 年

　年齢とともに性格はどのように変わっていくのか、住む地域と性格とは関係するのか、時代とともに日本全体の性格は変わっていくのか、男女で性格は違うのかなど、多くの研究結果から私たちの性格について考えを深めていきます。いまの性格は変える必要があるのかどうか、悩んだときに読んでもらえればと思います。

『第一印象の科学 ── なぜヒトは顔に惑わされてしまうのか？』

アレクサンダー・トドロフ著　みすず書房　2019 年

　心理学だけでなく脳神経科学や生物学、進化学、コンピュータ・サイエンスからも、人間の顔の印象がどのような社会の結果をもたらしうるのか、またどうして私たちは顔に対して強い印象を抱いてしまうのかを論じていきます。私たちは顔から多くの情報を受け取っていますが、必ずしもそれが内面を表すわけでもないということも理解できます。

『パーソナリティと個人差の心理学・再入門 ── ブレークスルーを生んだ 14 の研究』

フィリップ・J・コー編　新曜社　2021 年

　人間の性格を研究するパーソナリティ心理学において、この研究領域を切り拓いた 14 本の重要な研究の内容を紹介し、その論文の影響や批判された内容についても解説しています。少し内容的に難しい面もあるかもしれませんが、この分野がどのように発展してきたかを論文から知ることができる一冊です。

第**13**章

恋愛って
どうするのがふつうなの?
恋愛の心理学

1 恋人なんていらないよね?

　高校生くらいの年ごろになると、恋愛は身近な話題となります。また、恋愛することに憧れをもち、恋人ができると幸せになれる（言い換えれば、恋人がいない／できない人は不幸）だと思う人もいるかもしれません。一方で、恋愛はめんどうなもので、恋人なんてほしいと思わない人たちもいます。「恋人なんていらないよね?」という問いの背景には、「恋人は必要」「みんなには恋人がいる」という思いがあるのではないでしょうか。ここでは、「恋人は必要なのか?」という視点から、「恋人なんていらないよね?」という問いを考えてみたいと思います。

● 恋愛による影響

　恋愛は青年にどのような影響を及ぼすのでしょうか。髙坂（2009, 2010）は、青年が恋愛関係をもつことによって生じる心理的・実生活的変化を「恋愛関係の影響」として、大きく7つに分けています。この「恋愛関係の影響」には、

恋人ができることによって、自分の意志が強くなったり、関心が広がったりする「自己拡大」、幸福感を抱いたり、毎日を楽しいと感じたりする「充足的気分」、周りの人からの評価が高まったり、好意的にみられたりするようになる「他者評価の上昇」という、3つのポジティブな影響がみられています。一方、自分のための時間がとれなくなったり、生活リズムが乱れる「時間的制約」、外食やプレゼントなど交際費がかかる「経済的負担」、友人や他の異性との関わりが制限される「他者交流の制限」、嫉妬したり、相手の気持ちを気にしたりする「関係不安」という、4つのネガティブな影響もみられています。

　このように、恋愛とは、ポジティブな影響だけではなく、ネガティブな影響も同時に生じる現象です。そもそも恋愛には、失恋、浮気、デートDVのようなネガティブな事柄がともなうおそれがあります。このようなネガティブな影響や事柄を避けるために、恋愛をしない／恋人をつくらないという選択をする青年もいるでしょうし、そのような青年が、恋人をほしいと思わないのは当然のことかもしれません。

● 恋人をほしいと思わない理由

　では、恋人をほしいと思わない青年がそのように思う理由は、このようなネガティブな影響や事柄を避けるためだけなのでしょうか。髙坂（2013）は、恋人をほしいと思わない大学生を対象にその理由を分類しています。その結果、恋愛による時間的・経済的・心理的負担を避けようとする「負担回避」、うまく恋愛をする自信がない、異性とどのようにつきあっていいかわからない「自信なし」、やらなければならないことがあったり、友人との交流で日々の生活が満たされている「充実生活」、恋愛をする意味や価値を見出せない「意義不明」、過去の恋愛で嫌な目にあったり、以前の恋人のことを思い続けている「ひきずり」、恋人はいつか自然な流れでできると考えているため、積極的に恋人をほしいと思わない「楽観的恋愛予期」という6つの理由を見出しています。

　髙坂（2015, 2018）では、恋人をほしいと思わない6つの理由を使って、恋人をほしいと思わない青年を、「負担回避」を主な理由とする積極的回避型、

「自信なし」や「意義不明」を主な理由とする自信なし型、「ひきずり」を主な理由とするひきずり型、「楽観的恋愛予期」や「充実生活」を主な理由とする楽観予期型という4つのタイプに分けています。これらについて比較してみると、楽観予期型はアイデンティティ（11章3節参照）得点が高く、同性友人とも積極的に関わっていることがわかっています。一方、自信なし型はアイデンティティ得点は低く、また異性関係だけでなく対人関係全般を回避する傾向があることが示されました。さらに、積極的回避型は対人関係をリスクやコストでとらえて、必要以上に深い関わりをもとうとしていないことや、将来のことなどは考えずに、現在のことを重視していることがわかっています。ちなみに、恋人がいる青年は楽観予期型と同じような傾向がみられています。

　このように、恋人をほしいと思わない青年（もちろん実際に恋人はいない青年）の中には、さまざまなことに自信がもてなかったり、他者と深い関わりをもとうとしなかったりする者もいますが、楽観予期型のように、恋人がいる青年と同程度に、自信をもち、対人関係全般に積極的に関わる青年もいて、このような青年は、恋人がいなくても、日々の生活を楽しく充実したものとして過ごしているのです。

● **みんなには恋人がいる？　みんな恋人がほしい？**

　これまでみてきたように、恋人がいることにはデメリットもあり、また恋人をほしいと思わない青年の中にも、恋人がいる人と同じくらい、充実した生活を送っている人もいることがわかっています。では、恋人をほしいと思わない青年はどの程度いるのでしょう。

　国立社会保障・人口問題研究所（2022）が2021年に18歳から34歳の独身者を対象に行った調査では、恋人／婚約者がいる男性は21.1％、女性は27.8％でした。つまり、男性の80％程度、女性の70％程度には恋人／婚約者がいないということになります。このうち、友人も含めて交際をしている異性がいないと回答した男性は72.2％、女性は64.2％となっています。これは恋人／婚約者のいない独身者のほとんどが、友人関係を含めた異性との交際自体行ってい

ないことを示しています。さらに、「とくに異性との交際を望んでいない」と
回答した者は、男性で 33.5%、女性で 34.1% となっています。男性では恋人／
婚約者がいる者よりも、異性との交際を望んでいない者のほうが多く、女性も
かなり拮抗しています。大学生を対象とした調査（髙坂，2013；中村，2018）で
も、対象者のうち約 20% 程度が恋人をほしいと思わないと回答しています。
これらをみると、恋人をほしいと思わない青年は少数派とはいえないようです。

● 恋人はいらないのか？

　改めて「恋人は必要なのか？」と考えてみると、恋人ができることでよいこ
ともあるが、よくないことも起こりうるため、そのようなデメリットを避ける
ためには、恋人は必要ないといえるでしょう。また、恋人がいなくても、毎日
を楽しく過ごしている青年もいることからも、「恋人は絶対必要」ということ
は難しいです。もちろん、恋人がいないこと／ほしいと思わないことで生じる
デメリットもあるかもしれません。そのため、恋人がいることによるメリット
／デメリット、恋人がいないことやほしいと思わないことで生じるメリット／
デメリットを比較して、恋人の必要性を考えていくことが重要なのでしょう。

　恋人がいなくても、生死には関わりません。だからこそ、その必要性を自分
で丁寧に吟味する姿勢が大切なのだと思います。

2　恋愛が重たいと感じるのはなぜ？

　講義「青年心理学」で学生たちから提出されるレポートを分析していると、
恋愛に関するものが数多くあります。しかし、その中には恋愛がうまくいかな
いとか、悩みの原因だなどという記述のあるものも少なくありません。青年期
における恋愛がうまくいかない原因を心理学的に考えてみましょう。

● アイデンティティのための恋愛

　青年期の恋愛では、告白を経て実際に交際が始まると、はじめは、順調に進んだ関係が、やがて「自分のことで精一杯で、相手の（幸せの）ことまで考える余裕がない」と悩む結果になってしまうことがあります。この現象の特徴として、交際のはじめには (a) 相手からの賛美、賞賛を求めたい（例：「ぼくのどこが好きになったの？」「私のこと好き？」と聞く）。(b) 相手からの評価が気になる（例：「おれのことをどう思う？」「おれの演奏どうだった？」と聞く）。しばらくすると、(c) 相手から呑み込まれる不安を感じる（例：話題がなくなる。緊張する。気まずい沈黙が続く、「会うたびに自分がなくなるような気がする」）。さらに、(d) 相手の挙動に目が離せなくなる（例：SNS などを用いて相手の行動をチェックする。相手の行動に強い関心をもち、行動を制限しようとする）。結果として (e) 多くの場合、例外ももちろんありますが、交際が長続きしないことなどがあります（大野，2021）。

　人格形成の生涯発達を理論化したエリクソン（1959/2011）は、青年期には自分の人生について決めるべきことが多く、自分のアイデンティティ（社会で生きていく自分に対する自覚、自信、自尊心、責任感、使命感、生きがい感の総称：11 章 3 節参照）のことで頭がいっぱい、しかし、その時期が過ぎて初期成人期になると、他者と本当の意味で仲良くなる能力、親密性や愛に関心が移っていくと述べています。このことから、大野（2021）は、上述の現象を「親密性が成熟していない状態で、かつ、アイデンティティの統合の過程で、自己のアイデンティティを他者からの評価によって定義づけようとする、または、補強しようとする恋愛的行動」と解釈し、これを「アイデンティティのための恋愛」とよびました。つまり、青年期には、アイデンティティが定かでなく、自信がない、しかし、自分のことを好きと言ってくれる相手がいるのだから、自信をもってよいのだろうと、自分に恋人がいることを自分の自信の根拠にするという意味です。お互いにこういう心理状態だと、相手に対する配慮よりも、自分をほめてもらうこと、気遣ってもらうことに関心が集中してしまいます。さらに、相手が自分以外に関心をもつことをおそれ、相手を束縛してしまいます。

その結果、相手からの拘束を感じ、交際が重いものになってしまいます。その
ため、「まだ、好きだけど、つきあっているのが重くなった。別れたほうがい
い」という結論に達してしまうケースも少なくないようです。これを避けるに
は、お互いを自信のよりどころにすることなく、自分自身で自信がもてる生き
方ができるように努力すること。またそれまでは焦らず二人の関係を突き詰め
あわずに、いまを大事にすることが大切です。これが二人の思い出づくりとな
り、結果として、別れずに愛情の段階に進むカップルもいます。なお、愛情に
ついては次節で説明します。

● 否定的アイデンティティ

　アイデンティティのための恋愛は交際が始まってからの現象ですが、交際に
いたる前から、「私なんかどうせモテない」「私に恋人ができるわけない」など
と、はじめからネガティブな自信をもっているという報告が近年、たいへん増
えています。こうしたネガティブな自己意識を「否定的アイデンティティ」と
よびます。アイデンティティの機能として、事実が〜だから〜と思うのではな
く、〜と思っているから〜と行動するという側面があります。否定的アイデン
ティティでも同様で、異性に告白されても断ってしまい、その理由が「だって、
私はモテないのよ！」ということさえあります。冷静に考えると、その時点で
は告白されてモテているのに、「モテない」と信じ込んでいるがゆえに、いま
モテているという事実さえ認めず、「どうせ、からかっているんでしょう」「本
気だなんて信じられない」と否定してしまいます。否定的アイデンティティを
もつ原因としてレポートに挙げられているものとしては、過去の失敗経験への
こだわり、長年親に否定され続けたことや学校でのいじめの体験などが多いで
す。親の対応やいじめに深刻な長期的影響があることがわかります。しかし、
一方でそのように信じ込んでいるのは自分自身であり、考え直す余地のあるこ
とです。周りの大人がすべて青年期にモテていたわけではないのに、パート
ナーを得て生活している方も多いのです。自分がモテない原因は自分の自信の
なさ、つまり否定的アイデンティティという思い込みである可能性も高いです。

エリクソンは、小さいときの愛情不足は成長した後からでも愛し愛される関係をつくることによって補償できると説いています。自分の足元を見直し、まずできることから自信をつけていくこと、身近な人との人間関係を大切にすることでよりよく生きることができるようになるかもしれません。

● カエル化現象

　近年、自分が好意をもっている人と交際できるようになった瞬間、その相手を気持ち悪く感じてしまう現象が、グリム童話の「カエルの王様」になぞらえて「カエル化現象」とよばれています（藤沢，2004）。この現象は、恋愛のレポートにも散見されます。相手との意思の疎通のない、いわば片思いや恋の段階ではキュンキュンするのに、会話したり手をつなぐなど恋人らしい行動をする段階になった途端に「気持ち悪い」、そんなことはできないという生理的拒否反応を感じてしまうようです。この原因として、否定的アイデンティティなどによって自信がもてず、交際の中で自分の領域（自我境界とよばれます）に相手が土足で踏み込んでくるような危険を感じる。その結果、安心して相手とつきあうことができず、自動的な自己防衛反応が発動すると考えられます。しかし、相手の立場からみると、自分は何も変わっていないし、好意に応えようと交際を始めた瞬間、「気持ち悪い」と思われるわけですから救われません。交際が始まってから、相手に「気持ち悪い」という素振りを見せることがあるとすると、それは失礼になります。レポートの中の学生の自己分析でも、カエル化現象と否定的アイデンティティやアイデンティティのための恋愛がセットで現れることも多く、原因をたどると、自分のアイデンティティの未熟さがあるのかもしれません。相手のことを考えるとともに、自分を見直すことも大切でしょう。

3　タイプと恋と愛は違うの？

　この節では、恋愛に関する感情がどのように発達していくか、タイプと恋と

愛の違いについて考えます。

●「好き」と「愛している」の違い

「好き」は「緑色が好き」「あんこが好き」などたんなる好みです。したがって、相手のヘアスタイルなどの外見はすぐに好きかどうか判断できます。しかし、初対面で「愛しているか」と聞かれたら返事ができません。なぜかを問われると「あなたのことを何も知らないから」という理由が多いです。つまり、愛には全人格的なつきあいが必要ということになります。さらに、たとえば、相手の予期せぬ妊娠に対して「俺は知らない」というのは、一般的に相手を愛していない態度と判断されます。このように愛には「相手の幸せを願う」という本質的特徴があります。

● タイプ

いままで好きになった人を、頭の中で順番に並べてみてください。みな、背が高いとか、筋肉質とか共通点があるはずです。こうした傾向は一般にタイプとよばれています。この傾向のもとになっているのは、小さいころの異性の親のイメージだという古典的な精神分析の考え方があります。無意識の過程なので、このことを自覚することは難しいです。ただし、あまり親にそっくりだと気持ち悪い（心理学では近親相姦的不安といいます）と感じるので、ある程度イメージの似ている人を選ぶ傾向があります。これが好きな相手の原型になります。

● 恋

中学生年代を中心に、初恋を経験するようになります。恋の特徴として、①強い相手への思慕の情：「好き」だという感情を強く感じる。②憧憬：現実的な交際の可能性の有無にかかわらず、相手を思い続ける。したがって、人間関係なしでも、いわゆる片思いという恋に落ちることがあります。③結晶作用：いわゆる「あばたもえくぼ」といわれるように相手の欠点さえ美化してしまう。

④憑執状態：寝ても覚めてもその人のことを考え続ける。⑤「ドキドキ」する、「ボーッ」とするなどが挙げられます。

● アイデンティティのための恋愛

恋の段階から、どちらかからの告白によって実際の交際が始まります。青年期に交際を始めた約6割の人がアイデンティティのための恋愛を経験します（大野, 2021）。この現象については前節で解説しました。

● 恋と愛の比較

愛についてさらに詳しく検討するために、恋と愛を比較してみましょう。恋の典型は、「初恋」や「ファン心理」です。その特徴は、①条件性：相手が「〜だから好き」と条件を挙げることができます。②どちらかといえば自分の幸せ：典型的には片思いですが、重要なのは自分が幸せであるかどうかです。③時間がかからない：一目ぼれのように好きになるのに時間がかかりません。④ドキドキする：そのほかボーッとするなどの現象をともないます。それに対して、愛の典型は「母性愛」や「老年期の夫婦愛」です。その特徴は①無条件性：愛では、相手に条件を求めません。親は新生児を何の条件も求めず愛します。②どちらかといえば相手（二人）の幸せ：これを相互性とよびます。内容は次項で述べます。③時間がかかる：愛は、相手をよく知り、相互の関係が深まっていくにしたがって成熟していきます。親は子育てのプロセスで子どもの反応を見ることによって愛が深まります。④ドキドキしない：愛の段階に入るとドキドキしません。ドキドキがなくなることは、たしかに恋の終わりかもしれませんが、愛の始まりということもできます。

● 愛の本質1：無条件性

無条件性について、さらに検討しましょう。老夫婦は相手に外見など加算的条件を求めません。これは数十年人生をともにし、その苦労や喜びをともにした共通体験は他の人では代わりがきかないからこそ、その人を愛するというこ

とです。もっと条件のよい人を望むのではなく、かけがいのない代わりのきかない相手だからこそ、その人を愛します。恋は No.1 を求め、愛は Only1 を求めるといってよいでしょう。

● **愛の本質 2：相互性**

　愛には「自分の取り分（食べ物、時間、労力など）を（愛する）相手のために使い、その人が喜ぶ（幸せな状態にいる）のを見て、自分もうれしくなる気持ち、または、そうしてあげたくなる気持ち」があります。これを相互性とよびます（大野, 2021）。自分が相手のために何か労力を使い、その結果、相手が笑顔になるとこちらもうれしくなる、報われるという相互作用です。ここで得られる喜びを「愛する喜び」といいます（大野, 2021）。人が人を愛することができる根拠はここにあります。なお、無条件性、相互性という特徴は、恋愛に限らず母性愛、職業的な愛、宗教的な愛などさまざまな形の愛にも共通しています。

● **愛的な交際**

　青年期に交際経験のある人たちのうち、約3割が「愛」的な交際に進化していきます（大野, 2021）。その特徴として、①相互性：自分の幸せより相手の（二人の）幸せ。例「風邪をひいて寝込んでいる彼に手料理を届けてあげました。『おいしい』と喜んでくれる彼の姿を見て、私も幸せな気分になりました」。②身体現象の消失：例「二人でいるのは当たり前のような感じになり、最近『ドキドキ』しなくなりました」。③人生のパートナーシップ：相談しあう、支えあう。例「『そのことは任せとけ、もう心配するな』なんて昔の彼とは別人のようでした」。④時間的展望：将来のことが話題に出る。例「最近、結婚した後の将来のことなども二人でよく話しあうことがあります」。⑤防衛の消失：気どることなく、素でつきあえる。例「最近は気取ることもなく素でつきあっています」などが挙げられます。多くの人は本節で取り上げたようなプロセスを経て人間関係の能力が発達していくようです。

『君の悩みに答えよう ── 青年心理学者と考える10代・20代のための生きるヒント』

日本青年心理学会企画　福村出版　2017年

　青年心理学を専門とする研究者26人が、青年の悩みに答える形でまとめた著書です。恋愛の問題のほかにも「親の言う通りに生きてきたことが良いことなのかわかりません」「SNSに疲れることがあります」など、現代の青年にありがちな具体的な悩みが多く取り上げられています。そうした悩みを心理学的にみた場合、どのように考えることができるか、解決のために大切なことは何かなど参考になることがたくさんあると思います。

『愛するということ 新訳版』

エーリッヒ・フロム著　紀伊國屋書店　2020年

　愛について書かれた図書はたくさんありますが、その中でも考察の内容がもっとも信頼できる著作です。愛は能動的行為だと説き、「（相手への）配慮、責任、尊重、知」が必要であること、愛の本質である無条件性や愛する喜びに関しても深い考察があります。また、愛は能力であり、それゆえ鍛えて伸ばすこともできるという興味深い主張も書かれています。

「『アイデンティティのための恋愛』研究と方法論に関する理論的考察」

大野久著　青年心理学研究　2021年

　これは、心理学の学術誌に掲載された論文ですが、論文名をウェブで検索すると本文をすべて読むことができます。アイデンティティのための恋愛について、その現象の特徴、研究法、発生頻度、理論的考察などの分析があります。レポートの紹介もあるので、具体的事例とその考察にもふれることができます。専門的にこの現象に興味ある方におすすめです。

第 **14** 章

友だちって
本当に信じていいの？
友人関係の心理学

1　一緒じゃなくても友だちになれるの？

　高校生にとっては、この人は自分の友だちだ、と認めた相手だけが友だちで、一緒にいる時間が長いとか、部活やクラスが一緒だというだけでは、「友だち」とよべなくなっているでしょう。

　あなたの友だちはだれですか？

● 友人関係の現状

　高校生にとって友だちはどんな存在でしょうか？　①悩みを相談する相手：高校1年生に現在の悩みと不安を聞いたところ、進路（29.7％）、成績（23.6％）の順でした（中央調査社，2015）。相談相手は友人59.0％、お母さん55.4％、お父さん23.5％の順でした。**悩みごとや困りごとを相談できる相手が友だちなのでしょう**。②感情を分かちあえる相手：高校2年生では、悲しいときやつらいときに話す相手は男子では友人（86.4％）、母親（35.4％）、父親（18.5％）、女子でも友人（86.5％）、母親（54.2％）、父親（9.0％）の順でした（全国高等学校

PTA連合会，2015）。苦しいときに話せる相手、打ち明けたときに気持ちをわかってくれる相手が、友だちなのでしょう。③信頼できる相手：家族を信頼している高校生は93.3%、友だちを信頼している高校生は91.8%でした（国立青少年教育振興機構，2015）。**信頼できる相手が友だちなのでしょう**。

　では、友だちとして求められる資質は何でしょうか？　日本の高校生では、「思いやりがあること（42.9%）」「約束を守ること（28.5%）」が多く求められています（国立青少年教育振興機構，2015）。**自分の気持ちをわかってくれて、信義に厚い友だち、これこそが友だちがいのある友人、ということのようです。**

● 心理学から見た友人関係の理論

　幼児期にはだれとでもなりうる「遊びの友だち」、児童期には自分で選んだ「生活の友だち」、青年期には選び選ばれた「心の友」、年齢による違いは、古典的なテキスト（井上，1966）でこのように説明されています。園庭や公園で砂遊びやボール遊びをして遊ぶ相手なら、知らない子でもかまいません。一緒に遊んだ相手が友だちということになります。「お友だちと一緒に遊べてよかったね」と保護者は言うでしょう。小学校に入り、通学班での登下校や係活動が始まると、これは学校の時間になるので遊びとは少し違います。話す相手や一緒に共同作業する相手は、気の合う友だち、考え方の合う友だちのほうが楽しいでしょう。そして、胸の内を語る相手となると、お互いをよく知っていて、秘密も守れる特定の相手が安心です。こうして友だちは、一緒に何をする相手かが変わるにつれ、意味合いが変わっていきます。

　また、児童期から青年期にかけて、友人関係は同質性から異質性へ移行していくと理論化されています。これは、「ギャング・グループ→チャム・グループ→ピア・グループ」という３つの仲間関係の出現に着目した理論です（保坂，1998）。①小学校高学年ごろに現れるギャング・グループは、典型的には男子に多く、仲間でふざけあったり、一緒にいたずらをしたりするような子どもらしい遊び方をします。親に言えないような秘密の悪事をともにすることで仲間の絆を強めることもあります。②中学生ごろに現れるチャム・グループは、典

型的には女子に多くみられ、好みや気持ちが同じであることを確認し、共感しあって一体感を強めます。時には互いの秘密や悩みまで打ち明けあい、各自が大事に思うことを共有することで絆を深めます。③この2つに比べて、高校生以降に生じてくるとされるピア・グループには同一であること（同質性）が求められません。異なる人格の個人同士であること（異質性）が前提とされ、お互いの個性を認めあっています。同調を求める圧力もなくなるため、仲間はずしのようないじめは生まれにくく、友だち関係に安心していられます。

● 友人関係の発達的変化

　小学生・中学生・高校生を比較した研究（武蔵・河村, 2021）では、ギャング・グループの特徴が小学生で高いこと（最高点は小5）、チャム・グループの特徴は小学生で低いこと（最高点は高2）、ピア・グループの特徴は高校生で得点が高いこと（最高点は高3）が示されました。中学生と高校生を対象とした研究（中島・関山, 2017）からは、チャム・グループの友人関係をもっていると、友だちとの信頼関係も感じていることが示されました。しかし、友だちに同調しようとする傾向、友だちからどう思われているのかを気にする傾向も高いことが示されています。そしてピア・グループでは、友だちに同調しようとする傾向や友だちからどう思われているのかを気にする傾向はみられなくなり、信頼関係を感じていることだけが特徴でした。**友だちと自分は別の人間だから考え方も当然違う、でも友だちを信頼しているし、友だちといて楽しいというのが高校3年生ころの友人関係と思われます。**

2　友だちは喜び？　それとも悩みのタネ？

　「友だちをたくさんつくりましょう。友だちと仲良くしましょう」という言葉を、みなさんは幼いころから何度となく耳にしてきたことでしょう。青年期のいま、みなさんにとって友だちはどんな存在でしょうか。友だちとの関係は

喜びや安心感と同時に、不安や悩みもつきまとうことを日々感じているかもしれません。友だちを信じ、安定した関係を築くにはどうしたらよいでしょうか。

● 友だちと生きる世界

　青年期になると、親よりも友だちと過ごす時間のほうが増え、おのずと関係も深まっていきます。青年期の親子関係を、アメリカの心理学者オースベルは「**脱衛星化**」とよび、子どもが自己の主体性や自立を求めて親の衛星としてふるまうことから脱する状態を表しました。ただし、惑星である親の軌道を逸れて飛び出していっても、これまで衛星であった子どもが即座に惑星になれるわけではありません。惑星とは、自己のアイデンティティ（11章3節参照）を確立し、自立した状態であるといえるからです。そのときに、友人との関わりは異なる価値観への気づき、社会的スキルの獲得にいたる試行錯誤の場として機能し、衛星が惑星になるのに役立ちます。また、ときに親は煙たい存在で、反発を抱くこともありますが、友だちとは自分がいま生きている世界で起こっていることに対して同じ立場で喜びや悩みを共有することができます。

　たしかに、友だちは私たちにとって喜びや安心感を与えてくれる大きな存在です。みんなで活動をともにして笑いあったり、よきライバルとして高めあったり、一緒にいることで安心したりすることもあるでしょう。なかには、悩みを聞いてもらったり、進路選択や物事に対する考え方などで自分にとってモデルになるような刺激を与えてくれたりする相手もいたかもしれません。しかし、いまこの本を読んでいる人の多くが、友だちはいつも明るく温かで、安心だけを与えてくれる存在ではない、ということにも気づいているのではないでしょうか。嘘をつかれたり、ケンカをして仲間はずれにされたり、相手の気持ちがよくわからずに不安になったり、不用意な自分の言動で相手を傷つけてしまったり。自分が友だちにすべての本音を打ち明けているわけではないように、友だちもまた自分に本音を隠しているのだとしたら……、友だちをどこまで信じられるか、どこまで踏み込んでいいものか、という悩みがつきまといます。そうしたことをくり返すうちに、友だちとどのようにつきあっていけばよいのか

わからず、立ちすくむことが増えてくるのです。

　これは、自分自身の意識や感情だけではなく、他者の内面にある意識や感情を敏感に察知し理解しようとする「**他者意識**」が強まってきていることの表れであり、物事のとらえ方の成長過程においては望ましいものといえます。しかし、他者の気持ちに注意や関心が向くあまり、相手の気持ちを正確に理解しその場の空気を読もうと、緊張が生じることにもつながるのです。

● 相手との距離のとり方に敏感になる

　ある冬の寒い朝に、二匹のヤマアラシ（全身に長い棘の生えた大きなネズミのような生き物）が、互いに暖めあおうとして近づく。するとお互いの棘で刺しあってしまい、痛みのあまり離れるが、今度は寒さに耐えかねる——ショーペンハウエルという19世紀ドイツの哲学者が著したこの物語を聞いたことがあるでしょうか。この物語にあるように、人間は他者と暖めあおう、理解しあおうとして近づきます。しかし、近づきすぎれば余計な一言を言って相手を傷つけたり、ずかずかと土足で自分の心のうちに入り込まれた気分になったりと、暖かさだけでなく、互いのもっている棘で刺しあう痛みも生じます。その痛みから逃れようと相手と距離をとろうとするわけですが、それは寂しさという寒さをもたらすことになります。こうした「近づきたいが離れたい」という、相手との関係性の中で生じるジレンマを指して、「ヤマアラシ・ジレンマ」とよばれるようになりました。

　このジレンマは、人間が社会的な存在である以上、さまざまな年代で、ほぼすべての関係で、生じるといえます。なかでも、自分とは何かという確固としたアイデンティティの確立の途上にある青年期では、他の年代以上に、相手に映し出される自分の姿を気にしたり、不確実な自分のありようを守ろうとしたりして、相手との心理的距離について敏感になるといえます。

　その一方で現代の青年たちは、直接的な会話や経験の共有といった関わりをもつと同時に、SNSなどのツールも大きなウェイトを占めています。SNS上での関わりは、短文（単語）やイラスト、隠語などでのコミュニケーションも

多く、伝達されるメッセージの内容や送り手の意図には齟齬（そご）が生じやすくなります。また、相手からの返信までの時間が長かったり、時には既読スルーされたりして、相手と大きく距離が離れたように感じ、相手の気持ちを推し量ることに疲れてしまいます。さらに、SNSでは自分の知らないところで他の友だちが話していることをすべて把握できるわけではないため、必ずしも関わりのすべてが可視化されてはいないという不安がつきまといます。現代ならではのコミュニケーション・ツールが関わりの複層性を生み、相手との心理的距離についてさらに敏感になるのでしょう。

　こうした背景から、現代の若者たちが友だちに対して抱くヤマアラシ・ジレンマは、自分自身にとっての適度な距離をあらかじめ設定し、その基準以上に近づきすぎたり離れすぎたりしたくないというものに変わってきています。つまり、友人との実際の関わりの中で痛みや寒さを感じる以前に、自分の認知した他者像との間でジレンマが生じているのです。

● 葛藤とともに生きる

　友人との関わりは、喜びや安心感だけでなく、時として痛みも寂しさももたらし、不安や悩みの種になります。両面あわせもった存在、それが友だちだといえるでしょう。極端にいえば、痛みや寂しさを避けて生きていくには、他者と大きく距離をとって、だれとも深く関わらないでいることが得策なのかもしれません。事実、ヤマアラシの寓話を著したショーペンハウエルも、そうしたことを寓話の最後に皮肉を込めてつけ加えてもいます。しかし、それでは生きていけないことを私たちは知っています。かつて、和辻哲郎が指摘したように、中国で元来は時間的・空間的な「人のあいだ」を意味した「人間」という言葉が、日本で個々の「人」を意味する言葉として使われるようになりました。ここには、人と人との関係性の中に自分を位置づけようとする日本人特有の精神構造があったといえます。これは、人が社会的存在である以上、人と人との「間（ま）・あいだ」の中で生きるよりほかなく、当然のことながら他者との間で、また自己内で、葛藤を抱えることになります。葛藤は、排除や攻撃、孤立

につながる恐れもありますが、暗く苦しいものだけとは単純にいいきれません。自分とは異なる考えや価値観をもつ相手と、なんとか理解しあいたい、安定した関係を構築したいと思うからこそ生まれてくるものだからです。意見がぶつかったり、悩んだりするからこそ、関係は深まり、自分と相手のアイデンティティを見つめることにもつながります。葛藤を避けることに必死になるよりも「葛藤とともに生きる」という意識をもつことが、信じあえる人間関係の構築のためには重要なのではないでしょうか。

3 　友だちといるときの自分は何か違う？

　人は、対人関係や状況に合わせて、自分のあり方を調整します。先生の前では行儀よくふるまったり、親の前では反抗的な態度をとったり、異性の前では笑顔を絶やさなかったりと、さまざまに変化します。そういう人を、人間関係がうまい人だと思う人もいれば、八方美人だと感じる人もいるでしょう。本節では、その中でも、友だちの前での自分について取り上げて、解説していきます。

● 友だちの前での私

　あなたは、友だちと一緒にいるときに、なかなか本音が言えずに、演技をしてしまうことがありますか？　もしくは、友だちに「やさしいね」と言われたけれど、自分では自分がやさしい人間だとは思わないといったような経験はありませんか？　このような「友だちの前での私」と「本来の私」が違ってしまうことは、一般的なのでしょうか。

　高校生を対象としたアンケート調査で、表14-1のような複数の項目が用意され、「普段の私」を想定した場合と、「友だちと一緒にいるときの私」を想定した場合のそれぞれについて回答を求めました（佐久間, 2006）。選択肢は、1.まったくあてはまらない〜6.非常にあてはまるで、友だちについては同性と

表 14-1　質問項目の一覧

	肯定	否定
外向性	明るい おしゃべりな 積極的な 元気	くらい 無口 消極的 しずか
協調性	協力的 親切 思いやりのある やさしい	反抗的 怒りっぽい わがまま いじわる
勤勉性	まじめ きちょうめん 慎重な 冷静な	ふまじめ だらしない 雑な いいかげん

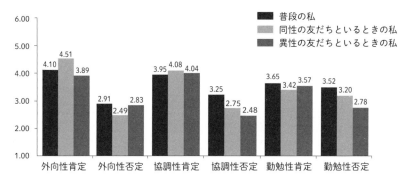

図 14-1　「普段の私」と「友だちといるときの私」の比較

異性で分けて質問しています。これを読んでいるあなたも、ぜひ回答してみてください。

　図 14-1 がその平均値を比べた結果ですが、ふだんの私と、友だちといるときの私の回答は、必ずしも一致していないことが見て取れます。とくに、外向性では、同性の友だちの前では、明るく、おしゃべりで、元気にふるまう傾向が高いことがわかります。その他、協調性・勤勉性についても、友だちと一緒

のときには、わがままでふまじめではないと回答しています。これは、友だちと一緒のときは、ふだんのときよりも明るく、ちゃんとしている人間であるかのようにふるまっていると解釈することもできます。

● ズレが問題になるとき

　友だちの前では明るくふるまうといったことは、一般的であることがデータからも示されましたが、はたしてこれはどのようなときに問題になるのでしょうか。それには、変化する程度や動機が関わっているようです。つまり、本来の自分とはかけ離れたような自分としてふるまっていたり、演技しているという意識がともなっていたりする場合は、心理的な問題が生じやすくなります。たとえば、自分を良く見せようと演技したり、自分の弱いところを隠すように行動したりすると、自尊感情が損なわれやすくなることがわかっています（佐久間，2006）。

　また、現代の若者は、キャラをつけたり、キャラを演じたりする傾向が高まっていると指摘されています。これを読んでいるあなたも、陽キャ、陰キャ、いじられキャラ、妹キャラなど「キャラ」という言葉を使って、友だちと会話することがあるかもしれません。このキャラについても、本来の自分とは異なるキャラを演じることによって、心理的適応が害されるケースが指摘されています（千島・村上，2015，2016）。とくに、中学校や高校などの、学校内・教室内で友人関係が固定化される場合には、そのキャラから抜け出せなくなることがあります。自分のキャラを演じることは、グループの中で居場所を獲得することに役立つ一方で、その程度や動機によっては、本来の自分を見失う危険性があることを知っておくといいでしょう。

● 友だちからみた私

　ここまで、「ふだんの私」と「友だちの前での私」のズレや、その適応性について述べてきましたが、これらはすべて「私から見た私」の話でした。はたして、友だちの視点からは、私はどのように映っているのでしょうか。

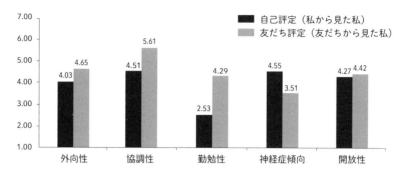

図14-2 「私から見た私」と「友だちから見た私」の比較

　ここで紹介するのは、友だちと二人ペアでアンケートに答えてもらったアンケート調査の結果です（小塩ほか，2012）。回答者は、まず自分自身の性格について回答し（自己評定）、次に友だちの性格について回答しました（友だち評定）。質問項目は、先ほどの外向性・協調性・勤勉性に加えて、神経症傾向（例：心配性、うろたえやすい）と開放性（例：新しいことが好き、変わった考えを持つ）を尋ねました。選択肢は、1. 全く違うと思う〜 7. 強くそう思うです。

　図14-2 が、自己評定と友だち評定を比較した結果ですが、両者はかなりズレていることがわかります。友だちは、自分が思うよりも自分のことを、明るくて、やさしくて、まじめで、冷静な人だと評価してくれているようです。ひょっとすると、友だちを目の前にして悪い評価はできないという心理も働いているかもしれません。つまり、やさしさや精神面について、私が思う私と、友だちが思う私には大きなギャップがあるということです。

　以上の結果から、友だちが自分の性格を完全に理解してくれるということはまれであることがわかりました。現実世界では、友だちは一人だけではありませんから、友だちの数だけ自分の見え方があると言ってもいいかもしれません。このように考えるならば、友だちに良く思われようとする演技には、どれほどの意味があるのでしょうか。そもそも、友だちの目にどのようにみえるのか把握できないのに、自分を良く見せたいとがんばっても、なかなか難しいのでは

ないでしょうか。むしろ、偽りのないありのままの自分で生活し、それを受けとめてくれる友だちとつきあうほうが、無駄な努力をせずに済むように思います。人に合わせて変わるのは自然なことですが、できるだけ等身大の自分で行動することを心がけてみてはいかがでしょうか。友だちは、（よい意味で）あなたのことをそこまで気にしていないことがほとんどです。

『友だちは無駄である』

佐野洋子著　筑摩書房　1988 年

　2007 年に文庫にもなっているこの本は、会話調で書かれている部分が多く挿絵もすてきです。子ども時代のことから大人になった後までのいろいろなことが詰まっています。青年期のこと、友人関係のこと、女の子のグループのこと、母との関係のこと。「友情とは年月のことである」。まだ十数年しか生きていない高校生はこの一文をどう読むのか、聞いてみたい気がします。

『嫌われる勇気 ── 自己啓発の源流「アドラー」の教え』

岸見一郎・古賀史健著　ダイヤモンド社　2013 年

　フロイト、ユングと並ぶ精神分析系の精神科医・心理学の大家であるアドラー。彼の豊富な臨床経験から紡がれる鋭い視点まとめた古典を、わかりやすく解説した本です。「人間の悩みは、すべて対人関係の悩みである」として、関係改善のための具体的な方策を示してくれています。人に嫌われたくなくて、相手の期待を満たそうとして生きることの落とし穴に気づかされます。

『エピソードでわかる社会心理学
── 恋愛関係・友人・家族関係から学ぶ』

谷口淳一・西村太志・相馬敏彦・金政祐司編　北樹出版　2020 年

　この本は、対人関係に関する日常的なエピソードから、心理学の研究知見を紹介するものです。本章で扱っている友人関係についても多くのページが割かれており、自分自身の日常生活や悩みが、どのように心理学で研究されているのかを知るきっかけになるはずです。例えば、「人づきあいは疲れる？」「ついつい人と比べてしまう……」などの身近なエピソードが掲載されています。

第**15**章

親って
めんどうなんだけど？

親子関係・家族関係の心理学

1　「友だちみたいな親子」「ケンカばかりの親子」どちらがふつうなの？

　あなたの周りにはどのような親子がいますか。話すとケンカになるので口も
きかない、という親子もいれば、会話も多くいろいろなことを話し、まるで友
だちのように仲の良い親子もいるかもしれません。

　青年期に入ると、たとえば将来のことなどについて、親の求めている理想の
方向とは違う選択をすることもあるかと思います。そういったときに、友だち
のように仲がよい親子と、ケンカになってしまう親子は関わり方が異なるので
す。その関わり方のしくみについて、説明していこうと思います。

●「友だちみたいな親子」の場合

　まず、ケンカをせず、仲がよく友だちみたいということは、すべての理想や
価値観が一緒ということではありません。話しあうことで、お互いの理想や価
値観をすりあわせて解決する場合もあると思います。もしくは、多少言いあい
になったとしても、その後の関係性が壊れてしまうのではないかという不安な

気持ちをもたなくてもいいということです。

　たとえば、あなたが「将来はネイリストになりたい」と親に伝えたとします。親にとってネイリストという職業は耳慣れないものであり、どういう職業なのかイメージできない方もいるかもしれません。仕事の内容はイメージできたとしても、どれくらい収入がある職業なのか、資格は必要なのか、長く働くことができるのか、といったことまで初めに想像できる親は少ないと思います。

　仲がよい親子の場合、まず頭ごなしに否定することはないと思います。あなたがネイリストになりたいと言い出す前から、ふだんあなたがネイルに興味がある様子をよく見ていて（お店でネイル商品をよく見ていたり、休日には自分の爪にネイルをしているなど）、どうやら子どもはネイルが好きなようだ、ということはわかっているかもしれません。あなた自身もまた、自分の親は頭ごなしに否定せず、話を聞いてくれるに違いないと思えるために言い出しやすいのかもしれません。このように言葉には出さなくても、お互いの間に信頼関係があれば、将来の職業選択に関するような、「親にちょっと話しにくいこと」も比較的大きなケンカにならずに話ができるのかもしれません。

　このような、親を信頼できる、信頼されていると感じられるという関係性は、言い換えると愛情の結びつきのようなものかもしれません。このような関係性は幼児期につくられるとされていますが、青年期に入ったからといってなくなるわけではありません。十分に愛情の結びつきがあるような関係性がある親子は、青年期に入ってもなお近づきやすく、信頼でき、困ったときにはすぐに助けてくれると思い続けることができます。

　このような近づきやすく、信頼できる親子の関係性があれば、先ほどのネイリストになりたいという例の場合でも、ふだんから自分の好きなものについて話をしていたり、「こんなことを話して嫌われないだろうか」と思わずに、安心して話ができるのかもしれません。

　先ほどの例の場合、親はあなたにネイリストという職業になりたいことについて、その理由について尋ねたり、ネイリストという職業に就きたい場合にはどのような進路になるのかなど聞くかもしれません。そこまであなたが考えて

いない場合でも、おそらく親はあなたの気持ちを否定することはせず、調べることを促したり、一緒に調べてみようと提案するかもしれません。そうしたやりとりをくり返していく中で、あなたはより具体的に将来の道（たとえば、高校卒業後、美容専門学校に進学して、就職するという進路）を想像することができるようになり、親もまた子どもの希望を認めつつ、子どもの選択を受け入れることができるようになっていくのかもしれません。

　このように、進路を決めるといった比較的親子の間でケンカが生じそうな場面であっても、大きく揉めることなく終えていくことができるのです。

● 「ケンカばかりの親子」の場合

　先ほどの「ネイリストになりたい」という例ですが、ケンカばかりの親子の場合にはどのようになると考えられるでしょうか。たとえば、あなたが「ネイリストになりたい」と伝えるとします。そのとき、「そんなのはダメだ、公務員がいい、いい大学に行ったほうがいい」と言われ、あなたが何かを説明しようとしても、まったく聞く耳をもってくれないかもしれません。

　子ども側からみると、青年期になり、自分の将来について考え始めたときかもしれません。好きなことを仕事にできたらいいなと思います。そして、あなたがいま一番好きなのはネイルで、自分でも少しずつ買って集めたり、友だちに塗ってあげたりしています。爪がキレイになると、友だちはみんな嬉しそうなので、こういう仕事ができたらいいのにと思います。

　親には話したほうがいいのだろうけど、親はすんなり理解してくれるのかな、と考えます。おそらく、安定している「公務員」とかがいいって言いそうだな、いままで親の言うことに大人しく従ってきたから、反発したら驚くかな、などと悩むかもしれません。でも公務員にはなりたくないし、自分のやりたいことを仕事にしたいから、親に話すことを決めたのかもしれません。

　親の側からみてみると、本当に小さかったわが子がいつしか大きくなり、親の話したことに素直に従わないことも増えました。こちらが良かれと思ってする注意や指導も、まったく響いていないどころか、不満そうな表情をすること

もあります。どうしたらいいのかと考えていたかもしれません。そんなある日、子どもが「ネイリストになりたい」と言ってきました。ネイリストとはいったいどんな仕事なのかもわからないし、どういうことなのだろうと思います。この世の中は変化が急なのだから、安定した仕事や、高い学歴がないといけないということを子どもにも話してきたつもりなのだけど、それが伝わっていなかったということなのか、がっかりする気持ちと、怒りのような気持ちもわいてくるのかもしれません。

　将来の進路以外でもそうですが、青年期に入るまでは親の判断に従うことが当たり前だったと思います。しかし青年期に入ると、親の判断に納得できなかったり、自分が決めたいと思うようになります。

　あなたが将来何になるかを決めるとき、それを決める権利があるのは自分自身だと思うかもしれません。あなた自身はやりたいことを仕事にしたいと思っているし、ネイルが上手になれるのなら、そのために学校に通ったり、練習することもがんばれる気がしています。しかし、「ネイリストになりたい」と親に伝えたとき、もし親からあれこれと言われたらどうでしょうか。おそらく、将来のことは自分で決めるんだと思うかもしれません。もしくは、親はそう思うかもしれないけれど、自分は安定した職業ではなく、好きなことを仕事にしたいんだと思うかもしれません。そして、親には頼れないと考え、自分でネイリストになるためにはどのような道があるのかということを、インターネットで検索するかもしれません。

　一方で、親はまだ社会で働いた経験もなく、まだ幼いところも残る自分の子どもが将来の職業について決めたと話していても、安心することは難しいかもしれません。職業によっては身体が健康でないと働くことができない職業もありますし、時代の流れに影響される職業の場合、長く働き続けることができないこともあります。本当にその職業で子どもが将来安心して生活していくことができるのか、心配なのかもしれません。

　このように、親には親の、子どもには子どもの思いや理由などがあり、どちらがふつうというわけではないということなのです。

2 親と話してもうまく伝わらないのはなぜ？

　いままではいろいろと話さなくてもわかってくれたのに、青年期に入ると親と話しても伝わらなくなったということがあります。そこには、青年期に入った親子の変化が影響しています。ここではその影響について、話してもうまく伝わらない場合と、うまく伝わる場合について、説明していきたいと思います。

● 親と話してもうまく伝わらない場合

　まず話してもうまく伝わらない場合について、説明していきたいと思います。青年期に入ると、多くの青年は、親と話す時間や話す量について減っていると思う人が多いのではないかと思います。それまでは、だれと遊ぶのか、何をして遊ぶのか、学校ではどのようなことがあったのか、いろいろなことをたくさん話してきたと思います。青年期に入ると、友だちと話すこともそれまでとは少し変わってきて、親に対して実は思っているけれど友だちにしか話せないことや、自分の好きな人のことや友人の恋愛のことなど、親にはちょっと話しにくいと思うことも友だちと話したりするかもしれません。そうすると必然的に親に話す量は減るのかもしれません。

　ちなみに、話す量が減ることが、そのまま親子の関係が悪くなったということを意味しているわけではありません。話す量が減っても、親と信頼しあっていると思えることができていたり、何かを話したときにあなたのことを認めていると会話から感じることができるのであれば、おそらく親子の仲は悪くなっているとはいえないでしょう。

　それでも、やはり話す時間や話す量が減ると、伝わりにくくなる可能性はあります。たとえば学校であったとても嬉しかったことを親に話すとします。青年期に入るまでは、嬉しかったことを理解するための前提として必要なこと、たとえば学校でのふだんの行動（昼食にはいつもパンを買っているなど）や位置

づけ（クラスではユニークなキャラクターとして位置づけられているなど）、所属（部活や委員会など）やふだんの活動（だれとよく話すか、休み時間は何をするかなど）などを、日々のたくさんの会話の中から十分に親が理解しているため、とても嬉しかったことがきちんと伝わると思います。

　しかし、話す時間が減っていると、嬉しかったことだけを説明しても親にうまく伝わらないかもしれません。まず、ふだん学校でどのように過ごしているのかなど、前提としてわかっていないことが多いと、あなたと同じ熱量では「嬉しさ」を共有できないのかもしれません。そういう意味では、親子で話をしていないと伝わりにくくなるのかもしれません。

　また、たとえば家族で旅行しようとするときに、どこに行こうかと親子で話すとします。あなたは最近話題になっている観光地や、友だちが行っていたときの写真などを SNS などで見ていて、行ってみたいと思っていたインスタ映えスポット（おしゃれなカフェなど）があるとします。「○○に行ってみたい」と親に伝えることができるでしょうか。おそらくあなたが提案しなければ、自分の好みとはかなり違う場所（おそらくあなたがあまり興味をもつことができない場所）になるかもしれません。もしくは、親がまったく違う場所を提案したときに、「違うところがいいな」や、「あ〜、それ友だちがあんまりだって言ってた」や、「そこはちょっと……」というような言葉で、あなたは賛成ではないですよ、ということを伝えられるでしょうか。それが伝えられなければあなたにとって伝わったとは思えない話しあいになってしまうと思います。

　さらに、こういった会話の場合、自分の行きたい場所の提案をしたり、親の提案に嫌だというだけではないと思います。たとえば親が「△△はどうだろう？」と提案したとします。そのときにあなたが「え〜」や「そんなの絶対イヤ」などと頭ごなしに反対すると、おそらくこの後の話しあいがうまく解決するのは難しくなるかもしれません。

　このように親子の会話のやりとりの中では、**相手に対して自分の意見をはっきり伝える**ということも必要なのですが、それだけでは会話としてうまくいかないかもしれません。これは、あなたの希望だけを伝えているという状態のた

め、親の意見がまったく反映されていないからです。あなたが行きたい場所や
その場所に行ってやりたいことがあるように、親もまた行きたい場所もあるし、
その場所に行ってやりたいことがあるのですね。このように一方的にどちらか
の希望だけを聞いている場合には、結果として話しあいはうまくいかずに、あ
なたも親はわかってくれないと思うかもしれません。

● **親と話してうまく伝わったと思える場合**

　それでは、今度は親と話して伝わったと思えそうな場合について考えてみま
しょう。先ほどの旅行の例を続けます。たとえば、親が「△△はどうだろ
う？」と提案したとします。あなたが、親なりに何か考えもあるのかなと考え
るなどして、頭ごなしに非難をせず、「え？　△△って、□□があるところ？」
や、「△△かぁ、行ったことないけど何があるの？」などと言った場合はどう
でしょうか。これは非難ではなく、一度意見を受けとめていたり、受けとめた
うえでさらに質問をしていると思います。この場合であれば、おそらくそこで
会話は中断せずに続いていくと思います。たとえばその後に、親からまた「そ
うなんだよ、□□というところが期間限定で公開しているものがあって……」
というように、そこからまた会話が進んでいくのかもしれません。

　このように、会話のやりとりの中でも、相手に対して自分の意見をはっきり
伝えるということも必要ですし、また相手の意見に対しても意見を受けとめた
り、同意したりするということが必要だということがわかるでしょうか。この
両方がそろっていると、会話が穏やかに進んでいき、自分も納得した結果とな
るのだと思います。

　また、青年期に入って、自分のやりたいことを見つけている場合にも、親と
話してうまく伝わったと思えるのかもしれません。自分のやりたいことを見つ
けている人の多くは、悩んだり、自分でいろいろと調べたり、試したり、相談
したりして、やりたいことを見つけていることが多いと思います。そのため、
自分に対する自信があることが多いのです。自分に自信があると、他の人にも
丁寧に関わることができます。つまり、親の意見もよく聞いたうえで、自分の考

えも伝えることができ、結果として親と話してうまく伝わったと思えるのです。

　さらに、相手の立場に立って考えることができている場合にも、話して伝わった、わかりあえた、と思えるかもしれません。たとえば先ほどの旅行の計画を立てる場合に、親が「△△はどうだろう？」と提案した際にも、相手の立場になって考えることができるのかもしれません。△△という場所は親にとってどのような意味があるのだろうと考えたり（そういえば前に思い出の場所だと聞いたことがあるな、など）、相手にとって△△という場所を選んだ理由としてどのようなことが考えられるのか（博物館があって、その展示を子どもである私に見せたいと思っているのかもしれない）などと、いろいろと思いをめぐらせることができます。このように相手の立場に立って考えることができると、相手に対して頭ごなしに否定するという方法をとりにくくなると思います。

　そして、相手のことも考えつつ、相手に対して自分の意見をはっきり伝えるということもできると思いますし、相手の意見に対してもその意見を受けとめたり、その意見に同意したりすることができるといわれています。その結果、親と話してもわかってくれない、とは思わなくてもよいということになるのです。

3　実は親も悩んでいる？

　いま読んでくださっているみなさんは、どのような気持ちでこの節を読んでくださっているのでしょうか。「親が悩むなんて、そんなわけはない」と思っているのでしょうか。それとも、「そもそも親が悩むことなんてあるのかな」と思っているのでしょうか。ここでは、親側の目線で書いてみたいと思います。

　まず、あなたが青年期にいるとすると、あなたがもっともっと小さかったころ、親とはどのような関わりがあったでしょうか。たとえば、描いた絵をほめてくれた、一緒に遊びに行った、ご飯を作ってくれて一緒に食べた、好きなおもちゃを買ってくれた、抱っこしてほしいときに抱っこしてくれた、というような、**自分の気持ちを受けとめて**もらい嬉しかったというような関わりもあっ

たかもしれません。また、箸の持ち方が上手でないと注意された、触ってはいけないものを触って壊してしまい怒られた、近所の人に会ったら挨拶するように言われていた、というような、**注意されたりルールを決められて**いたりすることもあるでしょう。

　自分の気持ちを理解して受けとめてくれたことは、おそらくみなさんが生きていくうえで、自信になっているかと思います。注意されたりルールを決められていたことは、もしかしたらそのときは嫌な気持ちもあったかもしれませんが、おかげで箸の持ち方がキレイだとほめられたり、近所の人にえらいねとほめられたりする経験もあったでしょう。多くの親は、子どもを育てていくうえで、ただ可愛い存在として甘やかすのではなく、可愛いわが子が将来大人になったときに一人で自立できるにはどうしたらいいのかと考えながら日々関わっていきます。たくさん愛情を注ぎつつも、日々考え悩みながら子どもを育てているのです。しかし、親も一人の人間です。一人目の子どもが生まれたときは、親もまた初心者なのです。ですから、怒りすぎて反省することもあるし、余裕がなくて愛情を注げずに涙することもあるかもしれません。親も失敗することがあるのですね。

　ですから、子どもが青年期に入っても、多くの親はこれまでの関わり方をふまえながら、関わっていこうとします。しかし、これまでと同じようにあれこれとお世話をしようとしたり（子どもの部屋の掃除や片づけなど）、注意しようとする（早く片づけなさい、宿題は終わったの？など）と、子どもは「わかってる！」「うるさい！」「勝手にやらないで！」などという反応をします。子ども側からすると、当然だと思うでしょう。青年期になって、部屋には親に見せたくないものがあるのに、勝手に引き出しを開けられたり、部屋に入られることはとても嫌なことだと思います。また、日々される注意も煩わしく感じてしまうこともあるかもしれません。

　しかし親側からすると、それまではおとなしく言うことを聞いていたわが子が、強く言い返してきたら、想像以上に驚くことでしょう。子ども部屋の掃除や片づけなども、もちろん子どものうちは上手にできませんから、やってあげ

ることも当たり前でした。それなのに、急に反発されてショックを受けてしまう親もいるかと思います。子どもが成長し青年となったとき、青年期の子どもの親となるのは、親もまた初めての経験になります。ですから、子どもの反応がこれまでと変わったりすることで、親も初めて気がつき、悩み考えるきっかけになるのですね。

　次に、子どもが青年期だとすると、多くの親は**中年期**という時期にあたります。親側の視点でみてみると、それまでは細かくお世話が必要だったわが子も、お世話をしなくても自分でご飯を食べたり、服を着たりと、身の回りのことができるようになっています。話すこともずいぶん変わってきて、親が知らないような知識をもつようにもなります。家族と一緒に過ごす時間も少なくなってきて、友だちと出かけることも増えるかもしれません。子どもが小さいうちは、親としてやらなければいけないことが多く、毎日があっという間に過ぎていきますが、子どもが成長し、青年期に入るころには親としてやらなければいけないことは減っていきます。

　子どもが小さいうちは、「親」であることに多くの時間を使いますし、日々新しいことを吸収し、ぐんぐん成長をする子どもを見ていると、自分は役に立っている、親でいることが生きている意味なのだなと感じることができます。子どもが成長していくことは、大きな喜びであることの一方で、親の心の中には変化が起きるといわれています。「自分は何のために生きているのだろう？」という自分自身への疑問です。

　この本を読んでいる青年期にいるみなさんの中にも、同じ疑問をもっている人がいるかもしれません。まったく同じではありませんが、実は親にもこういった疑問が生じることがあるといわれています。親にも青年期はありました。しかしその時期に「自分は○○をして生きていこう」ということについてあまり悩まなかったり、悩んだけれども結局決められなかったりした場合に、中年期に改めて悩むことが多いのではないかと考えられています。親は親自身の悩みももつことがあるのです。

　また、エリクソンは、年齢によって悩むことが違うと考えていました。親に

多い時期の悩みとして、「次の世代を担う人を育てられたのだろうか」「次の世代でも重要な意味をもつ作品や仕事を残すことができたのだろうか」という悩みをもつとエリクソンは考えました。次の世代を担う人というのは、いわゆる子どもであるみなさんを指します（親がお仕事をされている場合は職場の後輩のことなども当てはまります）。自分がこれまで生きてきて感じたこと、思ったこと、培ってきたことは、そのままだれにも伝えず、残さなければ自分が死んだときには消えてしまいます。次の世代を担う人をきちんと育てることができた、と思えるということは、自分がこれまで生きてきた証を残せたと感じることができるのかもしれません。そのように自分が「次の世代を担う人を育てることができた」「次の世代にも大切だと思われるような仕事ができた」と実感できると、自分が生み出したりつくりあげたものを大切に思い、責任をもって引き受け、それを見守り育んでいくという力がわいてくると考えられています。

　そして、親にとって子どもが青年期に入ることで変化する関係性がもう一つあります。それは妻または夫（パートナー）との関係です。お互いにチームとして子どもを育てている場合には、子どもが生まれるとすぐに、子どもを中心に家庭が回っていきます。しかし子どもが成長し、それほどお世話が必要ではなくなると、二人の関係性（つまり子どもが生まれる前の関係性）に戻っていくと考えられます。子どもを育てていくことは非常に喜びである一方、多くの時間や労力を必要とします。子どもが成長し、それほど時間も労力も必要でなくなると、これから先二人でどうやって生きていこうという別の問題も出てくるといわれています。日々子育てに時間や労力が割かれていると、その他のことに目を向ける余裕がなくなります。もし夫婦の間に小さな不満があった場合、それが解決されないままになります。そうすると、子どもが成長し、二人になったときには解決しなければいけない不満がたくさんあるか、解決できないところまで不満が大きくなってしまっている、ということもあります。夫婦関係にとっても、変化がある時期といえます。

　このように、実は子どもが青年期に入っていく中で、親もまた異なった悩みや出来事を経験することがあるのだということです。

『親と子の生涯発達心理学』

小野寺敦子著　勁草書房　2014 年

　この本は子どもの成長にともなって、親子関係もまた生涯にわたって変化していくことを説明しています。親子がともに関わりのなかでよい関係を築いていこうとする姿を学ぶことができます。

『あたりまえの親子関係に気づくエピソード 65』

菅野幸恵著　新曜社　2012 年

　この本では、子どもをもつ母親へのインタビューから選ばれたエピソードを中心に、話が進んでいきます。親としてさまざまなことに悩み、考える様子が感じられると思います。親側の視点の理解として、読んでもらえたらと選びました。

『父親の力 母親の力 ──「イエ」を出て「家」に帰る』

河合隼雄著　講談社　2004 年

　日本にユング心理学を紹介し、ユング派心理療法を確立した河合隼雄氏による家族論です。家族とは何か、親子関係、夫婦関係など、家族関係の本質を問いかけています。家族関係におけるさまざまな心の問題を理解し、解決するためのヒントを与えてくれる本です。

第16章

学校って
塾と通信教育でもいいよね？
学校生活と社会性の心理学

1　他人とつきあっていくことは必要なの？

　高校生のみなさんにとって、他人とのつきあいは最大の関心事ではないでしょうか。学校の外でも、SNSを通じて他人とつねにつながっている状態が続くため、それはときに煩わしく、避けて通りたいと思うこともあるのではないでしょうか。インターネットが発達して、一人でも得られる知識や情報は増大している中で、他人とつきあうことの必要性について考えてみましょう。

● 「異質な他者」との出会いが成長を促す

　高校生くらいになると、「自分はどんな人間なのか」といった問いをもつようになります。自分はどんな性格で、どんなことが得意・好きで、どんなことが苦手・嫌いなのかなど、いわゆる「自分らしさ」に意識が向けられます。他人と距離をとり、一人になって自分と向きあいたいという衝動にかられるのもこの時期の特徴です。そこで生じる孤独感も青年が大人へと成長するうえで大切な感情だと古くからいわれています。

では、他人とのつきあいは不要なのか、というとそうではありません。自分らしさは、自分一人で考えているだけでは見つからないのです。他人とは自分を映し出す鏡といわれます。他人とのつきあいを通じてこそ、他人とは違う自分が見えてくるのです。自分はやさしいという性格への気づきは、そうではない他人と比べること（相対化）によって生じるのです。

　さらに、そのときの他人とはだれでもいいのか、という疑問がわいてくるかもしれません。自分の周りにいる友だちを思い浮かべてみてください。小中学校が同じだった人やいまのクラスメイト、同じ趣味や価値観をもっている人が多いのではないでしょうか。このような**近接性**や**類似性**は、友だちをつくるうえで有効なポイントになります。一緒にいて心地よい、話さなくてもわかってくれるなど、たくさんのメリットがあります。一方で、自分と同じ考え方や価値観をもっている人たちとだけつきあっていると、視野が狭くなったり、思わぬ**バイアス**（ゆがんだ見方）や**スティグマ**（偏見）をもっていることに気がつかなかったりすることがあります。

　そこで大切になってくるのが、**異質な他者**（異質性）との出会いです。異質な他者とは、自分と異なる考えや価値観をもっている人を指します。通常、こうした人は、自分にとって嫌だと感じる人だったり、苦手な人だったりすることが多いです。第一印象が悪かったり、どうにも気になってしまったりする人はいないでしょうか。実はその人が、自分にはないものをもっていたり（**相補性**）、自分を成長させるうえでのキーパーソンだったりするのです。もしそんな人が周りにいたら、じっくり観察してみてください。そして、少しずつ関わってみてください。いろんな気づきが得られると思います。

●「他人とのつきあいが苦手」の源泉を探る

　自分が成長するためにも、他人とのつきあい、とくに異質な他者との出会いやつきあいは必要ということを伝えました。とはいえ、どうしても他人とのつきあいが苦手という人はたくさんいます。他人とのつきあいなんて必要ないという人の心理には、自分が苦手だからという理由が存在していることが多いで

す。では、なぜ、苦手だと感じているのでしょうか。その理由として、「うまく話せない」「何を話していいかわからない」など、コミュニケーションの技術（とくに発話面）を挙げる生徒がたくさんいます。コミュニケーションとは、お互いの意思疎通を図る手段の一つで、言葉だけではなく、身ぶりや態度など言葉以外の方法を用いて行うものです。また、発話だけでなく、聴くことも重要なコミュニケーションの要素になります。うまく話そうとするのではなく、相手の話に耳と身体を傾けて、あいづちやうなずきなどを入れるだけでもコミュニケーションは十分成立します。

　他人とのつきあいが苦手だと感じる人の他の理由として、「他人に踏み込めない」「他人に興味がもてない」といったものもよく聞きます。これは自分の中の「不安」や「不安定さ」が背景にあります。他人に踏み込めないというのは、自分が踏み込まれたくない、踏み込まれることで自分の弱さや嫌なところをのぞかれたくないといった不安な心理の現れです。また、間違ってはいけない、正しいことを言わなければいけないといった考えが強すぎると、他人への踏み込みが浅くなってしまいます。他人に興味がないというのは、自分自身が何か没頭・熱中できるものがない、将来の夢や目標がないといった不安定さの現れともいえます。他人とのつきあいが苦手と思っている人は、表面的な技術を磨くだけではなく、失敗してもいいという気持ちで、他人と接し、自分と向きあう中で、少しずつ不安が解消され、苦手意識も少なくなることでしょう。

● 「逃げる」ことも役に立つ

　現代はインターネットやSNSを通じて膨大な情報が流れ込んできます。みなさんの人間関係もその中に組み込まれています。さまざまなツールを介して、自分のクラスメイトをはじめ、委員会や部活動など自分が所属している集団のメンバーとのリアルのつきあいの延長もあれば、直接会ったことのない人たちとのつきあいも可能な時代です。簡便にさまざまな人たちの人生に触れることができる、異質な他者に出会えるというメリットはありますが、玉石混交な情報の中で「自分にとって何が大切なのか」を見失ってしまったり、優れた人た

ちの情報に触れすぎて「自分には何もできない」と不安が高まったり、**自尊心**
が低下してしまったりといったデメリットもあります。

　SNSでのつきあいは、コミュニケーションに必要な要素の多くを欠いている
ため、誤解や誤認も生じやすくなります。いかようにでも操作が可能なため、
相手との意思疎通を図ることは難しいといえます。自分にとって必要な他者は
だれか、自分の中に取り込む必要のない他者はだれかを見定めること、時とし
て逃げる（ブロックする・ミュートする）ことも必要です。すべてに全力投球す
る必要はありません。正面から向きあうことだけが正解ではないし、つきあう
人数が多ければよいという問題でもありません。

　社会的存在である人間にとって、他人とつきあっていくことは不可欠です。
自分という存在を探究し、成長させるためにも必要です。ただし、さまざまな
手段があり、いつでもだれとでもつながれる時代なので、逃げたり一時避難し
たりしながら、自分なりの他人とのつきあい方を模索していってください。

2　授業は全部オンラインでいいんじゃない？

　2020年1月に新型コロナウイルス感染症（COVID-19）が発生し、世界中で
猛威をふるいました。2022年末時点でもまだ終息はみえていません。そんな中、
学校では「学びを止めない」をスローガンに、オンライン授業が始まりました。
地域や学校によって違いはありますが、生徒のみなさんは何らかの形でオンラ
インによる学びを経験したのではないでしょうか。

● オンラインで学べる時代

　オンライン授業には、あらかじめ録画された授業動画を自分のペースで視聴
する**オンデマンド型**と、オンライン会議ツールを活用して画面越しに授業を受
ける**リアルタイム型**とが代表的なものとして挙げられます。とはいえ、塾や予

備校などでも通信教育などの形で以前から導入されていましたし、最近ではアプリなどでも効果的に学習できるようになっています。物理的に離れていても、パソコンやタブレットなどのデバイスが1台あれば、自宅にいながらリアルタイムの個別指導も受けられるようになっています。また、**大規模公開オンライン講座**（MOOC=Massive Open Online Course）とよばれるプラットフォームはすでに世界中で利用されています。海外の有名教授の授業を世界中の受講生と学べる無料（一部有料）のオンライン講義です。日本語で学べる JMOOC も無料で利用することができます。高校生のうちからでも大学で提供される専門的な学びに触れることが可能です。他にも、動画配信をはじめインターネット上にさまざまな学習コンテンツがアップされていて、知識や情報を得ようと思えばいくらでも可能な時代にみなさんは生きています。

● 「学ぶ」ってどういうことだろう？

　そうなると、授業はオンラインでいいんじゃない？　と思うかもしれません。そう思ってもおかしくないくらいオンラインによる学びは発展しています。では、高校生のみなさんにとって「学ぶ」とはどういうことでしょうか。また、「何のために」学んでいるのでしょうか。答えは一つではないし、正解があるわけでもありません。こうした問いについて、じっくり考えてみてほしいですし、友だちや保護者、先生らと話しあってみてほしいと思います。

　「学ぶとは何か」について考えてみましょう。教科書に載っている知識を覚えて、それを試験で再現すること、と考えた人は多いのではないでしょうか。この**記銘**、**保持**、**想起**という記憶の過程としてとらえられる学びは、正解のない複雑な現代社会を生き抜くうえで十分ではありません。知識を記憶するだけの学びであれば、オンライン授業でもある程度代替可能です。上でも書いた通り、オンラインで学ぶための方法やツールにはさまざまなものがあり、そこには膨大な知識が蓄積され、日々更新されています。また、何度もくり返し見たり、再生速度を変更したり、時間的にも物理的にも自分のペースで学べるので、むしろオンデマンド型のほうがよいという声も多くあります。

では、なぜわざわざ学校（対面）で学ぶのでしょうか。その意味や意義は何なのでしょうか。それは学ぶという営みは記憶と再生のその先にあるからです。学びとは、自分の視野を広げ、世界との関わり方を身につけることです。学習指導要領では、**習得・活用・探究**が必要な学習活動として示されています。基礎的な知識や技能を習得して、それらを活用することで**思考力・判断力・表現力**（7章2節参照）を身につけます。探究では、自ら課題を設定し、身につけた力を用いて解決することを目指します。そして、こうした学びには他者が不可欠です。他の生徒との**協働**を通じて学んでいきます。協働することによって、自分一人では思いつかない考え方を学んだり、多様な価値観に触れることで多角的なものの見方を学んだりすることができます。

● 対面で学ぶことの意味

　みなさんが思っている以上に、学びとは奥が深く幅が広いものだということを感じてもらえたでしょうか。こうした学びは一人で画面と向きあうオンライン授業ではなかなか得られないものです。「なかなか」と書いたのは、技術革新によって、さまざまな方法やツールが開発・実装され、オンラインによる協働も可能になっているからです。リアルタイム型を用いれば、オンライン上で生徒同士が議論し、課題解決を行うといった探究的な学びも可能になり、実際に多くの実践がなされています。しかし、学ぶということに成熟していない生徒にとって、画面越しでの深いやりとりは非常に難しいと感じます。

　教室（対面）でのやりとりと比べてみると一目瞭然です。たとえば、「教室があり、そこに同じ学びの空間を共有するクラスメイトがいて、先生がいる。他のグループで話しあう声（雑談やノイズ）に押されて自らも発言する。なんとなく自信がなさそうな発言にアイコンタクトを送ったり、よい意見だと感じればあいづちや笑顔で反応したりする。わからないことがあれば気軽に尋ねたり、何かあればすぐに教師に一声かけたりすることができる」といったようなことです。協働が深まるためには、こうした**一体感**や**身体性**が重要になります。とくに、思春期・青年期を過ごす人たちは、他者と学ぶことに対してさまざ

な不安を抱いています。無知・無能だと思われる不安、邪魔をしていると思われる不安、ネガティブだと思われる不安などです。こうした不安を払拭し、十分に**心理的安全性**（チームメンバーに非難される不安を感じることなく、安心して自身の意見を伝えることができる状態）が確保されなければ、深い学びに転じることは難しいでしょう。

　先に、オンデマンド型では自分のペースで学べるという利点を述べましたが、集中力が続かない、学習意欲がわかないといった声も多く聞きます。当然だと思います。学習に強く動機づけられていて、ある程度自分なりの学び方が身につけられている人であれば可能かもしれません。ただし、多くの場合そうではありません。周りで学んでいるクラスメイトがいて、先生にいつ当てられるかわからない緊張感があって、そういう中で集中力や**動機づけ**（7章4節参照）を維持・向上させることができます。他にも、休み時間に友だちとの雑談でリフレッシュして、チャイムで頭の切り替えをして、登下校時に気持ちをつくったり一日をふり返ったりしてといった、授業だけではない学校（対面）のもつ意味があります。

　「授業は全部オンラインでいいんじゃない？」に対する私の答えは No です。みなさんの健やかな成長・発達のためにも、学校生活を含む対面での授業は不可欠です。ただし、オンラインや ICT は今後も発展し、大学はもちろん、社会に出てからも活用することは間違いありません。対面とオンラインを使い分けて、自分なりの学びをデザインしていってください。

3　主体性ってなんで必要なの？

　主体性という言葉を頻繁に耳にするようになりました。みなさんもインターネットで見たり、先生や親御さんから聞いたりしたことがあるのではないでしょうか。でも、いったい何を表しているのか、なぜこんなに言われるように

なったのか、どうすれば身につけられるのかなど、いろんな疑問もあるでしょう。ここではそんな疑問について一緒に考えていきたいと思います。

● 主体性ってどんなもの？

　まず、主体性という言葉についてみていきましょう。端的にいえば、「自分の頭で考えて、選択・判断し、責任をもって行動する」ということになります。ここには、最終的な目標や課題の設定自体も自らが行うことを含んでいます。近い言葉として**自主性**というものがあります。これはあらかじめ目標や課題が定められていて、そこに向けて自らが行動することを意味します（たとえば、自主的に宿題をするなど）。主体性には、自分で決めること（＝**自己決定**）と自分の行動に責任をもつことの2つの要素が加わります。

　この自己決定は、**主観的幸福感**（**ウェルビーイング**）を高めるうえでとても重要な役割を果たすことがいわれています。みなさんは、中学校から高校への進学、高校から大学への進学などに関して、どのくらい自分の意志で決めてきたでしょうか。こうした自分の人生に関わる重要な局面（**転機**）において、親や先生に頼るのではなく、自分自身で決めることはとても大切です。決めてもらうこと、与えられることに慣れてしまうと、物事に対する**主体感**が薄くなってしまいます。他人の意見に安易に流されたり、自分のこととして考えられなくなったりします。そうなると、主体性は発動されません。「自分は優柔不断だから」という人も多いですが、日常の小さなことからでも、だれかに判断を委ねるのではなく、自分で決めるということを心がけてみてください。この自己決定の積み重ねを通じて、主体性が磨かれていきます。主体性は、試験対策のような短期間で身につくようなものではなく、長い時間をかけて磨いていくものなのです。

● 社会環境の変化をつかむ

　そんな主体性が、なぜこんなにも必要だといわれているのでしょうか。その最大の理由は、社会環境の変化です。社会環境の変化といってもさまざまです

が、とくに、少子高齢化に代表される人口動態の変化と人工知能（AI ＝ Artificial Intelligence）に代表される産業構造の変化が大きく影響しています。

日本の出生数をみてみると、1974 年には 200 万人を超えていたところから徐々に減少し始め、2016 年には 100 万人を切り、2021 年は約 81 万人と、人口減少が止まらない状況です。生産年齢人口（生産活動の中心にいる 15 歳以上 65 歳未満の人口）も 1990 年代をピークに減少し、増加の見込みがない状況です。他方で、医療・福祉の発達にともない、平均寿命・健康寿命が伸びているなど、少子高齢化によってさまざまな社会問題が引き起こされています。たとえば、消費の中心である若年層や生産年齢人口が減少することで、消費が落ち込み、企業経営が厳しくなり、雇用が抑制されるといった負のスパイラルにもつながりかねません。

こうした人口動態の変化に、大きな産業構造の変化（第 4 次産業革命）が加わります。モノのインターネット（IoT ＝ Internet of Things）や AI などの技術革新によって、あらゆる分野で AI やロボットの活用が進められています。周りを見渡せば、お店にはセルフレジが入り、店員はいなくなるかごく少数になっています。これまで専門家の手で行われていたさまざまな仕事も、パソコン（ソフト）やスマートフォン（アプリ）で簡単にできるようになっています。いままで当たり前のように存在していた仕事がなくなり、新しい仕事がどんどん生まれています。機械が人間の仕事を奪うといったシミュレーションも行われていますが、単純作業や定型業務は代替されやすいといわれています。AI やロボットは、膨大な知識や情報を保有し、瞬時に検索・演算し、最適処理を行うことが可能です。さらに、自ら学習することで処理を強化します。

さらに、現代社会は VUCA（ブーカ）の時代といわれています。これは、Volatility（変動性）、Uncertainty（不確実性）、Complexity（複雑性）、Ambiguity（曖昧性）の頭文字をとったものです。みなさんは、正解がなく将来の予測が困難な時代を生きていくことになります。こうした社会・時代だからこそ、AI やロボットに代替されない、人間が発揮すべきもっとも重要な力は主体性だという結論にいたります。たとえば、経済産業界が実施した調査で「企業が学生に

求める力」の第1位が主体性でした。教育界でも、新学習指導要領では**主体的な学び**が、OECD（経済協力開発機構）の Education 2030 プロジェクトでは主体性に近い概念である**エージェンシー**（Agency）が中核に据えられています。現代は、いい学校に入っていい会社に入るといった学歴社会から、学校生活の中で主体的に学び、多種多様な経験を通じて身につけた力が重視・評価される学習歴社会へと移行しています。

● 多様な価値観・人生形成の中で主体性を発揮する

　ここまで、社会の変化の側に焦点をあててきましたが、同時に人々の価値観や**人生形成**も多様になってきました。みんな同じがいいという価値観から、みんなと違うことがいいという価値観が少数派ではなくなりました。高校から大学に進学し、卒業後に新卒一括採用で入社し、結婚（・出産）を経て、同じ会社で定年まで働く。これまで大部分を占めていたこのような人生形成モデルは、もはや当たり前ではなくなりました。もちろんそうした**ライフコース**を描いている人もいるでしょうし、それ自体が悪いわけではありません。人生形成の「正解」や「常識」はなくなり、「選択肢」や「自由度」が大きく増えたのです。みなさんが生きる時代は、親や先生ら大人が過ごした時代とは大きく異なります。その意味では、大人が提示する「正解」や「常識」は、みなさんにとって必ずしもベストなものではないかもしれません。**ロール（役割）モデル**がなく、選択肢や自由度は高いということは、それだけ「自分」をしっかりもっていないと大海で溺れてしまいかねません。溺れないためには、自分の頭で考えて、選択・判断し、責任をもって行動すること、すなわち主体性が必要になるのです。

　これまで見てきた通り、現代における社会の変化と個人の価値観・生き方の変化のいずれもが、主体性をもつことの必要性へとつながります。主体性を発揮することで、自分の人生の物語を紡ぎだせる人（**セルフ・オーサーシップ**）へと成長を遂げるのです。

『友だち幻想 —— 人と人の〈つながり〉を考える』
菅野仁著　筑摩書房　2008 年

　人と人との「つながり」が大切ということはわかっているけど、悩んだり傷ついたり、距離感がつかめなかったりと、人間関係に「息苦しさ」を感じてしまう。SNS の普及もあって、よりこうした感情を抱きやすい中・高校生向けに書かれた本です。友だちに抱いている「幻想」を見つめ直して、自分なりの友だちとの距離感や関係性を築いていくきっかけになれば幸いです。

『勉強法の科学 —— 心理学から学習を探る』
市川伸一著　岩波書店　2013 年

　うまく覚える方法（記憶のしくみ）や問題の解き方（知識の使われ方）、やる気の出し方（動機づけ）など、認知心理学の知見に基づいて紹介されています。もともと高校生向けに書かれたものなので、内容もわかりやすく、受験にも役立つことでしょう。本書を通じて、自分に合った勉強の方法を見つけて、勉強することが楽しいと思えるようになってもらえれば嬉しいです。

『未来の年表 —— 人口減少日本でこれから起きること』
河合雅司著　講談社　2017 年

　人口減少社会にある日本の未来が、時系列に沿って体系的にまとめられています。日本の将来推計人口などのデータから推測される諸問題が具体的に示されています。どんな社会になっていくかを知ることは、これからの進路選択や人生形成に大いに役立ちます。どんな社会を創っていきたいか、そこに自分はどう関わっていきたいかを考えるきっかけにしてほしいと思います。

第**17**章

進路なんて
考えられないんだけど？
進路選択と社会的自立の心理学

1 高校や大学に通う意味ってなんだろう？

　高校生のみなさんの多くが、毎朝きちんと起きて学校に行っています。そして次は大学に進学しなければと思っています。でもやる気と充実感いっぱいで毎日を過ごしている人はそう多くはいません。なんとかもう少し前向きに考えられないものでしょうか。勉強は嫌いだという人にとって、高校や大学に通う意味はなんでしょうか。どのように考えたらよいでしょう。

● 高校生がこの疑問をもつ意味

　高校生の学習内容は、かなり高度な内容のため、中学生のとき以上に「こんなことを勉強して何になるの？」という疑問をもつことは自然なことです。ですがそれ以外にも、高校生がこうした疑問を感じる理由があります。

　それは第一に、大人が口にする価値観や社会の習慣に対して批判的に考えられるようになるからです。小学生のころには、親や先生の考えや指示に「そういうものなんだな」と従っていたことも、思春期になると、親と自分は別個の

人間として自覚し、その正しさを自分なりに考えるようになります。

　第二に、青年期になると抽象的な思考、つまり複数の事柄や経験をまとめてそこから法則や教訓などを引き出す力がより高まるからです。その力によって「自分は何のために生きているのか」「どんなことを大切にして毎日の生活を送るべきか」といったことを考えるようになります。したがって、こうした疑問は高校生として正常な思考ができている証であり、自分で人生を切り開いていくみなさんにとって、とても大切な問いです。

● 自己決定と動機づけ

　人は**自己決定**した（自分で決めた）ことには、より強く動機づけられる（やる気が出る）ことがわかっています。しかし高校や大学進学は、「就職などで不利にならないように」「みんなも行くから」ということが理由になっているようです。そうした"外圧"が背景にある行動は、自己決定を経ていないので、やる気が起きないことも理に叶っているというわけです。

　心理学ではそうしたことを、その人の外側のことが行動を導いているので、**外発的動機**づけとよびます。他方、趣味に熱中するといったことは、興味や好みといった人の内側のことが導いているので、**内発的動機**づけと呼びます。図 17-1 に示したように、内発的動機づけは「そうすること自体が目的」であり、かつ「自律的」（自分からしようとすること）です。外発的動機づけは「その行動自体は何かのための手段」であり、かつ「他律的」です。しかし「手段」であっても必ずしも「他律的」とは

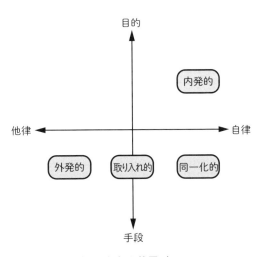

図 17-1　動機づけの種類と位置づけ

いえない動機づけもあります。

その代表が「**同一化的動機づけ**」というもので、たとえば「大工になりたいから算数をがんばりたい」というものです。これは、算数を勉強することは大工になる「手段」ではありますが、「自律的」です。また「**取り入れ的動機づけ**」とは、たとえば「高校に行かないと恥ずかしいから」のように、恥をかかないための「手段」ですが、たとえば「叱られないために」といった外発的動機づけよりは、まだ「自律的」寄りです。

したがって、高校や大学に通うことは何らかの「手段」でも、その先に自分が成し遂げたいこと（たとえば就きたい職業を目指す）が見つかれば、「そのためにがんばれる」と動機づけられるでしょう。ですから、職業や社会、大人の世界のことを積極的に知ろうとしてください。「こういう大人になれたら格好いいから、いまはそのために高校生活をがんばろう！」と思えるものが見つかると、学校に通うことに対して今よりもとても積極的になれるでしょう。

● 社会に出る準備期間として

高校や大学に行く意味が見出せないからといって、では明日から働くかというと、そう決意できる人は少ないでしょう。裏を返せば、高校や大学の期間に身につけたり考えたりすることは、社会に出るための準備なのです。もちろん、特定の職業のために必要な知識や技術を習得することも大切な準備ですが、それ以外にも、高校や大学で身につけることがあります。

まずは、自分が目指す職業や社会人のあり方を、いろいろな出会いや経験を通して考える時間となります。心理学ではこれを、支払い猶予（ゆうよ）という意味の経済用語を使って**モラトリアム**とよんでいます。つまり社会人になるまでの猶予期間というわけです。そうした期間に、自分と社会・職業に対する探索行動を行ったり、新たな価値観を得たりします。自分とは何かという**アイデンティティ**（11章参照）の形成や確立もこの時期の課題です。大学では高校以上に多様な人と出会いますので、その出会いを、人間としての幅を広げる機会にしたいものです。

高校や大学での学び自体がそもそも、社会に対する見方を養うことに役立ちます。高校や大学での勉強は、日常生活ですぐに役立つことはあまり習いませんが、「世の中を見るためのメガネ」を得ることにつながります。学んだことをもとに世の中を見ると、それまで気づかなかったさまざまなことが見えてくるのです。2022年4月から成人年齢が18歳に引き下げられ、選挙権を得たり、いろいろな契約を結んだりできるようになりました。ですが、そうした行動は18歳になれば自然にできるわけでなく、一定の教育や学びが必要です。そうした社会の見方を深めることで、職業選択や結婚といった大きな岐路のときにも、より広い視野がもてるようになります。

　また大学での学びは、「正解がない問題」に科学的・論理的にアプローチする考え方を身につけます。高校でも「探究学習」としてその初歩を学んでいます。世の中で起きる問題の多くは、高校までの教科とは違って正解が定まっていませんから、人によって答（解決方法）が違うことはよくあります。そんなとき、一定の確信がもてる自分なりの解決方法を見出して、その適切さを周りの人に効果的に説明するには、知識と訓練、そして経験が必要です。卒業研究などはそれらを鍛えるよい機会にもなっています。青年期の思考には**自己中心性**があるといわれています。これは自分から見えているように他人にも見えていると思い込む性質を指します。高校・大学での学びを通してこの性質を克服することは、社会人になるうえで大切なことです。

2　職業ってどうやって選べばいいの？

　高校生のころに職業について思い悩むのは、とても自然なことです。ですから、職業のことは、日ごろからずっと考え悩み続けることが大切です。ただそうは言っても、自分で考える際のヒントがあったほうがよいかもしれません。心理学では、若者が将来の職業を考える際に参考になる理論がいくつも提案されてきました。一つずつ紹介していきましょう。

● 得意なものを考える

　心理学の中で、職業選択に関するもっとも古い理論を**マッチング理論**といいます。マッチング理論は、その人と職業が何らかの面であっていることが一番だという考え方です。自分が好きなことや得意なことを考えて、それとマッチした職業を選びます。古い理論だけあって素朴なことをいっています。

　注意したいのは、高校生ぐらいのときは、自分が好きなことよりも得意なことを考えたほうがよいということです。というのも、高校生ぐらいのときは、だれしも「芸術的」な職業に憧れる傾向があるからです。たとえば、好きな音楽を聞けば自分もそういうものを生み出す仕事をやりたいと思うでしょう。これは、青年の職業興味の特徴として知られています。ですから、むしろ自分が得意なことを考えてみてください。小さいころからなんとなく上手にできたこと、周りの友だちより少し得意だったものです。人と比べたらそれほどではないけれども、自分の中では得意なことでもよいです。

　こうしたある職業に対する向き不向きを**職業適性**といいます。職業適性がある仕事は覚えも早いです。たとえば、計算が得意な人は、会計のような仕事ならば、きっと覚えが早いことでしょう。だから楽しくなって、会計の仕事をもっとがんばろうという気になります。そうすれば、会計の仕事で優秀な成績をあげられるかもしれません。こうして自分の得意なものは、大人になったときの職業につながっていくわけです。ですから、自分の職業を考えるときには、自分が得意なこと、つまり職業適性を考えるのがよいでしょう。

● 一生、勉強だと考える

　高校生ぐらいのときにあまり想像できないのは、大人になっても、自分の職業については、生涯、ずっと勉強し続けるのだということです。

　たとえば、自分は英語が得意なので、国際会議で活躍する通訳になりたいと思ったとします。それなりに努力しますが、上には上がいて、自分の力では国際会議の通訳は無理そうだとわかったとします。ですが、こういうときこそ一生勉強、と思い出してほしいのです。そうすれば、もともと英語は得意なわけ

ですから他に英語を活かす道があります。子どもが好きなら、英語教師になる勉強をして免許や資格をとり、子どもに英語を教える仕事に就く道もあります。人に教える以上、得意な英語には磨きをかける必要もあるでしょう。

このように、自分と周囲の環境に見込み違いが生じたら、柔軟に目標や夢を調整・修正して、新たな方向に向かっていく。そのとき、必要な勉強はずっと続けていく。こういう考え方が、いま、主流の考え方である**キャリア構築理論**です。「**キャリア**」とは、仕事や職業のことでだいたい間違いないですが、自分の生涯の生き方といった意味が加わります。「構築」とは難しい言葉ですが、「つくり上げる」ぐらいの意味です。

みなさんの未来は、いまよりも変化の激しい社会です。大人になる過程で、自分の側も変化しますし、周りの環境も変化します。少しのことでくじけたり、あきらめたりせず、微妙に方向を変えながら、足りない部分は一生勉強のつもりで自分の中に身につけていく。そうして、生涯にわたるキャリアを自分で切り開き、つくり上げていくことが大切だということです。

● **偶然の出会いを大切にする**

プランド・ハップンスタンス（**計画された偶発性**）理論もみなさんに役立つ考え方です。この理論では、人のキャリアは偶然の出来事によってよい方向に向かうと考えます。たとえば、書店で偶然、手に取った本にとても興味がわくかもしれません。そこで出会った新しい分野を調べようという気になるかもしれません。人との偶然の出会いも重要です。学校の先生、友人、アルバイト先の先輩など、身近な人とのおしゃべりの中にもチャンスの芽があります。これら偶然の出来事によって、自分だけでは出てこなかった方向がたくさん示されます。こうした偶然の出来事を大切にしようということです。

この理論では、偶然の出来事を自分に取り込むために重要な資質があることも指摘しています。その資質とは、「好奇心」「粘り強さ」「柔軟さ」「楽観性」「リスクテイキング」の５つです。まずは、いろいろなことに好奇心をもち、興味の幅を広げておく。そのうえで、これぞと思ったことは、粘り強くがんば

る。一方で、新たなチャンスには頭を柔らかくして対応する。こうしたことをあまり難しく考えず、なんとかなるさと思いながらできるとよいです。そのためには、多少のチャレンジや冒険もしてみようということです。

この理論は、偶然の出来事には有益な学習の機会がたくさん含まれているのだから、好奇心をもってチャレンジしようといっています。少しずつ挑戦し、失敗しながら、試行錯誤することで、どんどん学習の機会が得られて、人生やキャリアがよい方向に向かうということなのです。

● 困っている人を助ける

それでも、やはり自分のやりたいことがわからなくて、職業を決められないという人には、もう一つ大切な考え方があります。やりたいことがなければ、何もやりたいことを職業にしなくてもよいということです。たとえば、世の中には、いろいろな問題で困っている人が大勢います。いまの高校生はSDGsなども学校でよく習うのではないでしょうか。そうした目標を達成するために働くことは、やりたいことをやるよりもずっとよいことです。その意味では、やりたいことが特にない人というのは、むしろ社会の問題に目が向いている人だともいえるでしょう。

世の中の社会正義を実現するために、若い人にはそうした仕事に向けたキャリアを歩んでもらおうという考え方を、難しい言葉で**社会正義のキャリア支援論**といいます。自分はどんなことで困っている人を助けたいと思うのか。いまは何もできないけれども、困っている人を助けるために、どんな勉強ならしてみたいか。そういう方向で考えてみることもできるのです。自分のやりたいことは何かと考えるタイプではないと思ったら、ぜひ、そういう面からも考えてみてほしいと思います。

3 高校に行けなくなったらどうなるの？

● 不登校は「問題」なのか？

2000年ごろまで、**不登校**は「問題行動」の一つと考えられていました。しかし、2016年にできた「**教育機会確保法**」には、「不登校というだけで問題とみなさない」という国の方針が明示され、いまや、不登校は「問題行動」とは別に分類されることになりました。しかしいまだに、相談室で出会う不登校生徒の多くが、学校に行っていないことで罪悪感にさいなまれたり、自己否定に陥ったりしています。不登校の原因は多様、複合的であり、不登校をしている子ども自身が悪いわけではありませんので、学校に行っていないからといって、必要以上に自分を責めたり自己嫌悪に陥ったりする必要はありません。しかし実際は、そう簡単には割り切れないことが多いようです。

● 問題ではないといわれても……

「問題ではない」といわれても、やはり多くの高校生が学校に行っている中、学校に行けない背景には悩みや苦しみが伴うでしょうし、将来への不安を抱えている人も少なくないと思います。友人や教師、部活動の仲間、家族等との人間関係のトラブルが不登校の背景にある場合、身近な大人やスクールカウンセラーなどに相談してみるのも一つです。心身の不調を抱えている場合は、一時的に医療の助けを借りることが必要な場合もあります。学業のつまずきが背景にある場合は、学校の先生や塾、通信教材の活用などが助けになることもあります。自分の性格や生き方への悩みが遠因になっている場合は、学校から離れて自分と向きあう時間を確保することにも大きな意味があります。

● 最終ゴールは？

不登校の有無にかかわらず、すべての子どもたちが将来的に目指すべき目標

は「**社会的自立**」です。これは、自分の意志で自らの進路を切り拓き、社会とつながろうとする姿を意味しています。

　では、高校段階で不登校になった場合、その後、どんな経緯をたどることが多いのでしょうか？　一つは、在籍校に復帰するという道があります。高校に籍を置きつつ、別室登校や放課後登校、**フリースクール**への通学などで出席日数を確保するという方法もあります。ただし、高校は義務教育ではないので、欠席や欠課時数が多くなると、留年規定に引っかかります。最近は、それを回避する形で、転学や編入を考えるパターンが増えてきました。いまの高校を辞めて別の道を模索する場合、定時制高校にも三部制（授業開始が朝から、昼から、夕方からという3パターンあります）から選べる学校も増えています。さらに、コロナ禍とともに急増しているのが**通信制高校**です。現代の通信制高校には、制服もあり毎日通学する学校がある一方で、ネットを活用し、年に数日の通学で卒業ができる高校もあります。たとえ高校を中退しても、高卒認定試験を受けることで大学受験が可能になるというバイパスもあるのです。また他方、少数派ではありますが、起業したりeスポーツ選手やユーチューバーとして生計を立てたりというように、特殊な才能をもつ高校生も出てきました。いろいろな道がありますので、希望を捨てずに、自分に合った学びの場や生き方を見つけてほしいと思います。

● 不登校経験への意味づけ —— 調査結果より

　ここで、不登校経験者を対象に調査した結果（伊藤，2015・2016）を紹介します。まず、不登校に戻ることへの不安について、「（不登校には）戻らない」「戻るかもしれない」「考えないようにしている」の三択で尋ねたところ、それぞれ864人、323人、599人と三分されました。では、この3群の子どもたちは、不登校をどのように意味づけているのでしょうか？　「（不登校になったことで）家族のありがたさがわかった」「人の気持ちや痛みを理解できるようになった」「いろいろな人と出会えた」等のポジティブな意味づけ項目と、「希望通りの高校に進めなかった」「中学校での思い出がつくれなかった」等のネガ

ティブな意味づけ項目を収集し、これら2つの得点（ポジティブ得点とネガティブ得点）を3群間で比較しました（詳しい調査結果については伊藤〔2015〕を参照してください）。いずれの得点も、3群間で差のあることがわかりました。つまり、不登校に「戻らない」と感じている子どもたちは、自らの不登校経験をポジティブに意味づける割合が多いのに対し、「戻るかもしれない」と不安を引きずっている子どもたちは、ポジティブな意味づけはできずに、不登校で失ったもの（友だちや学力、そして学校の思い出など）から、不登校経験をマイナスととらえがちであることがわかりました。一方、不登校のことを「考えないようにしている」子どもたちは、不登校に向きあえていないせいか、ポジティブ・ネガティブともに意味づけ得点は低いことが示されました。

　この結果からもうかがえるように、因果関係では語れませんが、不登校をしていた自分から目をそらすのではなく、苦しい経験ではあったし失うものもあったけれど、その経験と向きあい、自分にとって意味がある時間であったととらえ直すことができたときに、いまの自分を肯定し、不登校という自らの過去を引き受けることができるのかもしれません。そして、不登校を意味あるものとしてとらえ直すことができたときにこそ、不登校から卒業した（＝もう戻らない）という気持ちが実感できるといえるのではないでしょうか。

● **大切なのは**

　不登校は長い人生の中で考えると、取り返しがつかない失敗でも挫折でもありません。青年期という、子どもから大人への橋渡しの時期、学校に行けない（行かない）時間を過ごすことで、自分自身やこれからの人生について、立ち止まって悩み考え試行錯誤をくり返すことで、自分自身と向きあったりこれからの生き方や家族との関係を見直したりと、その後の人生にとって大きな**ターニングポイント**になることもあるといえます。学校に行けない期間は、不登校の子ども本人も、そしてその本人を支える保護者も悩み苦しむことが多いのですが、自分を支えてくれる周りの大人や仲間の力を借りつつ、この時間を、その後の長い人生を生きる糧にしてほしいと切に思います。

『なんのために学ぶのか』
池上彰著　SBクリエイティブ　2020年

　高校までは「学ばされている」と思っている勉強が、実はそれ以降の人生を生きていくうえで役立つと言えるのはなぜか、また人生を豊かにしてくれるのはなぜかが、この本を読むとわかってきます。また、できればしないほうがいいと思える「失敗や挫折」が、それ以降の人生でとても大切になってくる理由もわかります。この本を通して読むと、高校時代に学ぶ教科も、大学に行くこと、社会に出ることも、見え方がこれまでと大きく変わってくるのではないでしょうか。

『キャリア・コンストラクション ワークブック
###　── 不確かな時代を生き抜くためのキャリア心理学』
安達智子・下村英雄編著　金子書房　2013年

　キャリアとは「生涯において個人が果たす一連の役割」という意味であり、たんに職業や仕事内容を指すわけではありません。実際、子育てのために働き方を変えたなどのように、その人の生き方全般に関わってきます。この本では、自分でさまざまなワークを行いながら、将来の職業や仕事、キャリアを考える際のヒントが得られるようになっています。本章2節で取り上げた理論を含めて、たくさんの考え方が載っています。高校生でも楽しく作業ができるワークブックになっていますので、一冊を通して考えてみることで、きっと将来に向けた大切な手がかりをつかむことでしょう。

『雪のなまえ』
村山由佳著　徳間書店　2020年

　都会の小学校でいじめに遭い不登校になった5年生の雪乃。仕事を諦めたくない母は東京に残り、田舎暮らしにあこがれて会社を辞めた父親とともに、曽祖父母が住む長野で暮らし始めます。雪乃と一家の葛藤と成長が、雪深い長野の自然とともに描かれています。"本当の自分を受け容れてくれる場所を見つけるため、今いる場所に別れを告げるのは、決して逃げではない"。この強いメッセージが伝わってきます。

第18章

ネットやゲーム、好きにさせてくれない？

デジタルをとりまく心理学

1　ゲームのやりすぎは本当によくないの？

　高校生のみなさんにとって、スマホやゲーム機、パソコンを使ってゲームをすることは身近なことではないでしょうか。高校生も含めた10代のゲーム使用者の割合は全年代の中でもっとも高く、男性の約80％、女性の約70％がゲームを継続的にプレイしていることが調査でわかっています（CESA, 2018）。そういった意味では高校生の生活をとらえるうえで、ゲームは重要な要素だといえるかもしれません。ゲームには日ごろの友だちとの交流、バーチャル空間での非日常的な体験、ストレス発散などさまざまなよい部分があります。一方で、過度なゲームプレイや、それによって生じるさまざまな問題など、ゲームのよくない部分が注目されていることも事実です。

● ゲームのやりすぎは病気なの？

　みなさんは**ゲーム依存**という言葉を聞いたことがあるでしょうか。ゲーム依存とは生活に支障をきたすほど過剰に、あるいは強迫的にゲームを使用してし

	まったく ない	すこし だけ	時々	たい てい	いつも
・一日中ゲームをすることを考えていた。	1 □	2 □	3 □	4 □	5 □
・ゲームに費やす時間が多くなっていった。	1 □	2 □	3 □	4 □	5 □
・日常生活を忘れるためにゲームをした。	1 □	2 □	3 □	4 □	5 □
・私のゲームに費やす時間を減らそうと、他の人が試みたが、うまくいかなかった。	1 □	2 □	3 □	4 □	5 □
・ゲームが出来なくて、嫌な気持ちになった。	1 □	2 □	3 □	4 □	5 □
・ゲームに費やす時間のことで、他の人（たとえば家族や友人）とけんかした。	1 □	2 □	3 □	4 □	5 □
・ゲームをするために、大事な活動（たとえば、学校、仕事、スポーツ）をおそろかにした。	1 □	2 □	3 □	4 □	5 □

全7項目の質問のうち、4つ項目以上で「4：たいてい」または「5：いつも」と回答していた場合、依存的なゲームプレイヤー（依存度が高い）と判断します（古賀・川島，2018；Lemmens et al.，2009）。

図 18-1　ゲーム依存度チェックリスト（GAS7-J：Game addiction Scale 7 item version）

まう状態を指す言葉です。2019年には世界保健機構（WHO）が国際的な疾病分類であるICD-11に「ゲーム障害」を正式採用するなど（WHO, 2019）、世界的にゲームの使用に関する問題を病理として扱う動きがあります。ICD-11の基準によると、**1. ゲームをする時間や頻度をコントロールできない、2. ゲームを最優先する、3. 問題が起きているにもかかわらずプレイを続ける**、といった症状が長期間続き、社会生活に支障が生じている場合に診断される可能性があるとしています。現在ゲームをしている方は図18-1のチェックリストを使って自身のゲーム依存度を確認してみましょう。治療や予防に関しては、国内外でゲーム依存を対象とした専門機関が設置されていたり、政府や自治体主

導でゲーム依存対策の取り組みが行われています。

　ゲーム依存に関する研究は1990年ごろからと比較的早い時期から行われており、現在一定数の蓄積がなされています（Feng et al., 2017）。これまでの研究によると、男性のほうが依存しやすい傾向にあることや、衝動性や内向性の高さといったいくつかの個人的特性が影響していることがわかっています。その他にも、抑うつ症状や孤独感、不安感、学業成績の低下、身近な人との関係の悪化などとも関連することが報告されています。言い換えると、ゲーム依存は、ゲーム使用と生きづらさが関連した病態であるといえるかもしれません。

● ゲームは悪者なの？

　ここまで読んで、ゲームが悪者のように書かれていて嫌な気分になった人もいるかもしれません。本当にゲームへの依存なんてあるの？　と考える方もいるかと思います。実際ゲームに重度の依存症状を示すのは若者の5%程度（あるいはそれ以下）であることが多くの調査で報告されていることからも、ゲームをしている人全員が依存するわけではありません（King & Delfabbro, 2018）。

　一方で、ゲーム自体に私たちを依存させたり、熱中させる要素があることも事実です。ゲーム依存と関連することが多いジャンルであるMMORPG（大規模多人数型オンラインロールプレイングゲーム）を例に挙げると、多人数で同時にプレイし、交流することができる点や、定期的なアップデートによって新しいコンテンツや目標が追加されるため飽きにくい点、プレイヤーが活動する時間帯が深夜に集中している点など、プレイヤーを熱中させる特徴を複数もっていることがわかります。また、カジュアルゲームとよばれる、スマートフォンやタブレット端末などでよくプレイされている、短時間で気軽にプレイできるようなゲームであっても依存症状を示すことが報告されているため、ゲーム依存の問題は特定のジャンルに限った話ではありません。最近では小学生からスマートフォンを所有していることも多く、さらに基本無料のゲームも数多く存在しお金をかけずに楽しむことができます。そのため、ゲーム依存は、アルコール依存やギャンブル依存などの他の依存症に比べて早期の発達段階から生

じる可能性のある依存症です。

　また、ゲーム依存を理解するうえでは、ゲームプレイと生きづらさの因果関係についても注目することが重要です。つまり、ゲームを長時間プレイした結果、抑うつや不安、対人関係の悪化などの生きづらさが生じるのか（ゲームプレイ→生きづらさ）、あるいは、日常生活での生きづらさを解消するためにゲームに熱中するようになるのか（生きづらさ→ゲームプレイ）といった、2方向の因果関係が考えられるということです。いまは長時間のゲームプレイに問題がなくても、将来日常生活でストレスや生きづらさを感じるような出来事が起きたときにゲームへの依存が生じるかもしれません。だからこそ、自分の心の健康状態に気を配ることもゲーム依存を予防するのに効果的です。

● 大学生になると依存のリスクは増える？

　日本では高校生の卒業後の進路として半数以上が大学進学を選択しているので、大学での生活の変化とゲーム依存のリスクとの関連についても着目してみましょう。いくつかの報告によると、大学生は問題のあるゲームプレイをしやすいと考えられています。その理由として、授業や勉強の時間が比較的自由になること、一人暮らしを始める人も多く、親の監視や規制から離れるようになること、インターネットにいつでもアクセスできること、大学の教育でもインターネットを活用することが推奨されていることなどがあげられます（Young, 1998）。また青年期はさまざまな精神疾患が発症しやすい時期ですし、大学生は環境の大きな変化によるストレスが増大することから、ゲーム依存のリスクが高い時期であるといえます。さらに、一人暮らしの場合は、ゲーム依存による、あるいは大学での不適応による人間関係的な孤立に家族などの身近な人間が気づけないことで症状が重篤になる可能性もあります。

　ゲームは悪者ではありませんが、過剰なプレイはさまざまな問題を引き起こす可能性があることも事実です。自分の好きな趣味が原因でつらい思いをしないためにも、自分のゲームとの関わり方に問題がないか？　ふだんの生活や心の健康で困っていることはないか？　たまにふり返って考えてみてもいいかも

しれません。

2　ネット投稿は匿名でバレないから大丈夫、って本当？

　インターネット（以下、ネット）上のサービスの多くは、実社会における年齢や社会的立場、性別や肩書などによる制約が少なく、だれもが気軽に自由なコミュニケーションを楽しむことができるようになっています。高校生のみなさんも音楽や動画の鑑賞、オンラインゲーム、さまざまな情報の検索、そしてソーシャルネットワーキングサービス（以下、SNS）を利用した情報の共有や交換など、友人や知人とはもちろん、知らない人とも交流を楽しんでいるのではないでしょうか。これはネットの**匿名性**の肯定的な側面といえるでしょう。ところが、こうした自由な情報交流が盛んに行われている一方で、情報の適切な利用や内容の真偽等の判断の未熟さから、ネットいじめやSNS上での他者への誹謗中傷の書き込み等の不適切な行為への関与、さらには児童買春や児童ポルノなどの性犯罪被害や暴力犯罪への巻き込まれなど、若者がさまざまな危機に無自覚なままさらされている現状も報告されています（警察庁生活安全局少年課，2022；文部科学省，2020）。こうした事案を引き起こしている要因の一つに、ネットの匿名性の否定的な側面があります。ネット上で被害者にも、加害者にもならないためには、匿名性が及ぼす影響について理解を深め、適切な情報モラルと情報リテラシー（情報を正しく活用する能力）を身につけることが大切です。

● 匿名性の水準

　みなさんは、ネット上（または実社会）での個人の言動や、ネット上に投稿された写真や動画などを見聞きした不特定多数の人々が、行為（投稿）者のSNS等に、それらの言動や投稿が不快であるとの非難の（ときに誹謗中傷ともとれる）声を集中砲火するという状況を目にしたことがあるでしょうか。いわ

ゆる「炎上」とよばれる現象です。多くの場合、非難の声を上げている人々は、「相手が間違ったことをしたのだから非難されても仕方がない」などと相手の非を理由に自身の行為を正当化しようとします。では相手が目の前にいる状況で面と向かって同じことを言える人がどれほどいるでしょうか。これがまさにネットの匿名性の否定的側面の一つです。

　モリオとブーフホルツ（Morio & Buchholz, 2009）は、ネットの匿名性を3つの水準に分類して説明しています。もっとも低い水準が、「**視覚的匿名性**」とよばれる、コミュニケーションの相手が目の前におらず（非対面状況）、その存在を視覚的に確認することができないという状況です。無料通信アプリやSNS等での友人・知人との交流場面がその典型です。2つ目の水準は、「アイデンティティの乖離」とよばれ、ネット上ではニックネーム等で個人が特定できているけれど、実社会ではその人がどこのだれかわからない状況を指します。いわばネット上の知人といえるでしょう。もっとも高い水準の匿名性は、「**識別性欠如**」とよばれ、ネット上でも、実社会でも、個人を特定できない状況を指します。ネット上の匿名掲示板がその典型でしょう。これらネット上の匿名性はその水準の高低にかかわらず私たちのネット上での行動にさまざまな影響を及ぼします。本節では、「視覚的匿名性」と「識別性欠如」が及ぼす影響について解説します。

● 視覚的匿名状況による影響

　視覚的匿名状況による影響の一つが、相手の表情や身ぶり手ぶりといった非言語的情報のやりとりがなくなることです。非言語的情報は、表情などから相手の気持ちや心情を読み取り、それに合わせたコミュニケーションを行うといった、主に会話の際の相互の感情のやりとりに用いられます。ところが、その情報がなくなると、相手の発言の意図を正しく読み取ったり、自身の発言を相手がどう受けとめたのか判断したりすることが難しくなります。たとえば、不用意な一言で相手を傷つけたり、怒らせたりしてしまっても、そのことに気づくことができず、弁解も謝罪もできないという事態が起こります。そうして

生まれた些細な思い違いや勘違いなどの会話のすれ違いが、ネット上でのいじめや誹謗中傷のきっかけになってしまうのです。

　視覚的匿名状況によるもう一つの影響が、社会的衝撃（Latané, 1981）の低下です。社会的衝撃とは、対人場面で相手から受ける影響のことですが、他者と対峙したときの緊張感と考えるとわかりやすいでしょう。私たちは、他者と会話する際、相手を不快にさせないようにとさまざまに配慮し、相手を気遣い、思いやりをもって接します。ところが、相手が目の前にいないという状況では、こうした配慮や気遣いの気持ちが無意識のうちに低下してしまうのです。相手が見ず知らずの他人であれば、なおさらです。これもネット上での他者への誹謗中傷がなくならない理由の一つといえるでしょう。相手の姿が見えないネット上での交流だからこそ、いつも以上に相手への配慮や気遣いが必要なのです。

● 識別性欠如状況の実態と影響

　ここまで視覚的匿名性について検討してきましたが、より高い水準の匿名状況ではどうでしょう。先述した匿名掲示板の利用者の多くは、お互いに自身の、そして相手の正体がわからないことを前提に交流しています。竹内和雄ら（2015）は、「どうせ何を言っても相手に自分の正体がバレることはない」という匿名性への信念は、モラルや道徳心の一時的な不活性化（うまく働かない状態）を引き起こし、加害行為への安易な関与につながると指摘しています。ところが実際には、ネット上で何かしらの活動（SNSや掲示板への書き込みや画像・動画の投稿等）を行えば、その足跡（ログ）は必ず残ります。つまり、少なくともその足跡をたどることのできる当該サイトの管理者やサービスプロバイダーにとっては、その書き込みが、いつ、どこで、だれによって、投稿されたものなのか特定することはさほど難しいことではないのです（折田, 2009）。言い換えれば、ネット上でお互いに正体を隠していられるのはあくまでも末端のユーザー同士での話にすぎないということであり、「バレないから大丈夫」などということは、「信念」つまり「思い込み」にすぎないのです。

● ネットの公共性と記録性

　匿名性と合わせて知っておくべきネットの特性が「**公共性**」と「**記録性**」です。だれもが、いつでも、どこからでも、自由に接続することができる今日のネット社会は、いわば実社会と変わらない公共スペースです。そこでの言動は、多くの第三者に見られ、好き勝手に批評されます。親しい友人同士でのやりとりのつもりが、多くの人の目にさらされ、個人を特定され、誹謗中傷の対象とされるケースは後を絶ちません。スミス（Smith, 2012）は、ネット上での誹謗中傷等の被害について、仮に悪質な書き込み等の加害行為が一度だけだったとしても、ネットの特性上、その書き込みは長期間、くり返し多くの人の目にさらされることで被害が長期化するとその深刻さに警鐘を鳴らしています。いかなる理由があっても、他者に無分別に誹謗中傷の言葉をぶつけることは加害行為でしかなく、決して許されるものではありません。そして公共の場であるネットでの行いはすべて記録に残ります。「バレない」などということはたんなる思い込みであることを忘れないでください。

3　メディアとどうつきあっていけばいいの？

　メディアは現代の生活において欠かすことのできない存在となっています。新聞、雑誌、テレビ、ラジオなどのマスメディア（産業メディア）はいまだに国際情勢や政治経済などのニュースを知るための重要な情報媒体ですし、TikTok、Instagram、YouTube 、LINE、Twitter などのソーシャルメディアは青少年・若者にも人気があります。一方で、学校や親・保護者たちがメディアの使用を禁止したり制限したりしてくることもあります。それはなぜでしょうか。「一家に一台の固定電話」の時代から「個人の携帯電話やスマートフォンを一人一台」の時代になってきているのに、なかなかスマートフォンを買ってもらえなかった、そんな経験があるのではないでしょうか。それはなぜでしょうか。それはメディアに良い面と悪い面があるからです。詳しくみていくことにしま

しょう。

● メディアとは

　メディア（media）とは、本来は「媒体」や「伝達手段」などの意味をもつ英単語メディウム（medium）の複数形で、一般的には、情報を人々に伝える媒体や機関、システムなどを指します（家島，2016）。科学技術の発達にともないメディアも多様化してきています。たとえば、新聞や雑誌や電子掲示板などの活字メディア（読むメディア）、ラジオやポッドキャストなどの音声メディア（聞くメディア）、テレビや画像・動画共有サイトなどの映像メディア（見るメディア）といった分類が可能ですが、マンガのように見ながら読むメディアもあれば、アニメのように聞きながら見るメディアもありますし、コメントつきライブ配信のように「見る」「聞く」「読む」（さらに配信者は「話す」、アクティブな視聴者は「書く」）が同時に求められるメディアもあります。いまや送信者が一方的に情報を配信する時代から、送信者と受信者がリアルタイムで双方向的にコミュニケーションをとる時代になりました。インターネットの普及とともにメディアの種類も利用者層も拡大しています。

● メディアのメリットとデメリット

　どんなものにも利点と欠点があるように、メディアにも良い面と悪い面があります。しかし、メディアの種類が増え、利用者層の拡大あるいは低年齢化が進み、大人たちが青少年・若者のメディアを把握しきれなくなるとき、大人たちは急に不安になるのです。自分の子どもがSNSなどのソーシャルメディアを通じて犯罪に巻き込まれるのではないか、自分の部屋に引きこもってアニメや動画サイトばかり見る**中毒**あるいは**依存**のような状態になってしまうのではないか、など心配事は尽きません。もしかすると勉強や運動ができないのは部屋に引きこもってアニメやゲームばかりしているからではないか、乱暴な言葉づかいや奇抜なファッション・メイク等はメディアの悪影響ではないか、などと青年の望ましくない言動を何でもかんでもメディアのせいにしてしまう

（誤った**原因帰属**をする）大人もいるかもしれません。

　実際、過去には青少年のメディア利用によるトラブル（莫大な金額の通信量を請求されたり、スマホのゲームアプリで勝手に課金していたり、性犯罪に巻き込まれたり）がニュースで大々的に報じられ、全国の教師や親・保護者が子どもを守るためにさまざまな制限を決めたり制度面での整備を国や自治体に求めたりして対処してきました。警察庁の『警察白書』でも児童ポルノ、**ネットいじめ**、ストーカーといった犯罪がメディアによって深刻化していることが指摘されています。

　一方で、内閣府の『青少年のインターネット利用環境実態調査』でわかるように、いまや高校生の99%以上が自分専用のスマートフォンを有しているのが現実ですし、メディアのメリットも少なくありません。たとえば、わからないことをすぐに調べることができたり（**学習**）、離れた場所にいる人とも知り合うことができたり（**友人関係**）、なかなか対面では言いにくい悩みをもつ人が共通の悩みをもつ仲間にネット上で支援してもらえたり（**適応**）、メディアがさまざまな面で青年の学校生活や発達を支援している事例が多数あり、悪影響だけでなく良い影響もあることが研究で明らかになってきています。

　結局は「使い方しだい」であり、メディアの危険性（リスク、デメリット）と有用性（ベネフィット、メリット）を正しく把握したうえで、正しく活用するための能力（**リテラシー**）を高めることが大事なのです。

● メディアと心理学

　メディアに関する研究は学際的で、さまざまな学問領域が取り組んでいます。心理学もかなり昔からメディアに関する研究に取り組んできました。古くは広告が消費行動に及ぼす影響、マスメディアによる大衆の心理操作、などが約100年前に研究されています。テレビが一般家庭に普及したころから本格的に注目を集め、テレビ視聴が読書スキルや暴力行動に及ぼす影響などが調査されました。デジタルメディアが発達・普及した近年では、生まれながらのデジタルネイティブである**Z世代**とよばれる若者、2010年以降に生まれた**アルファ**

世代とよばれる青年などを対象にした研究も増え、仮想現実（バーチャルリアリティ）やアバター着用時における自己やアイデンティティの研究など、興味深いメディア心理学研究が幅広く行われています。

　現代社会においてメディアとの接触を避けて通ることは難しく、また実際メディアはさまざまな社会的な問題を引き起こしていることから、メディアリテラシーの教育が社会的な課題となっています。また、メディアが人に及ぼす影響については科学的な研究の結果に基づいて判断することが重要です。

『クローズアップ「メディア」』

浮谷秀一・大坊郁夫編　福村出版　2015 年

　現代社会の人の行動と「こころ」を応用心理学の視点から読み解くクローズアップ・シリーズ「現代社会と応用心理学」（全 7 巻）の第 5 巻。これから心理学を学ぼうとする高校生や大学生、心理学に興味のある人を対象として執筆されただけあって、新しい内容や親しみやすい内容が大変わかりやすく紹介されています。多様化するメディアをさまざまな角度から取り上げており、合計 23 のトピックは興味のあるところから読み始めることができます。ゲーム脳、SNS 炎上、LINE 疲れ、ソーシャルゲーム課金、メディア依存、ロボットなどキーワードだけでも興味深いものが並んでいます。

『メディア心理生理学』

ロバート・F・ポター、ポール・D・ボウルズ著　北大路書房　2014 年

　メディアが人に及ぼす影響について、脳波や心拍数など生理的反応を指標として実験した研究が紹介されています。根拠のない憶測ではなく科学的な実験研究について知りたいのであれば、この本でそうした研究の歴史や理論や方法論を学ぶことができるでしょう。ただし、「まえがき」に書いてあるように、この本の読者として主に想定されているのは、メディアに対する心理学的反応を測定する方法論を詳しく知りたいと思っている研究者です。また、「監訳者解説」に書いてあるように、荒削りで難解で網羅的ではないという側面もあります。しかし、メディア研究という具体例を通して心理生理学の方法論を解説していますし、巻末の用語集を眺めるだけでも勉強になります。

『メディア論の名著 30』

佐藤卓己著　筑摩書房　2020 年

　タイトルの通りメディア論に関する著書が 30 冊紹介されています。メディアは心理学だけでなく社会学などさまざまな学問領域で論じられていますが、この本では社会学を中心としつつ歴史学や政治学の文献も網羅されています。この本を読んだからといって 30 冊分の知識が得られるわけではありませんが、少なくとも目次を見れば心理学以外にさまざまなメディア研究があることがわかります。データよりも概念でメディアをとらえたい人におすすめです。

第 19 章

どうしてこんな顔に 生まれたの?

容貌の心理学

1 「顔」って何?

　高校生のころに出会った同級生は、ものすごく綺麗な顔をしていました。初めて彼女に出会ったとき、まるで少女漫画から飛び出してきたような顔立ちに、羨ましいというより、自分とこの人とは違う、と素朴に感じてしまったことを覚えています。

　私たちは、初対面の相手を見たとき、その外見から、相手がどんな人であるかの印象を勝手に抱いています。その際、顔は非常に重要な役割を果たします。目、鼻、口と、構成する要素が同じであるのに、全体としての造形がまったく人によって異なるそれぞれの「顔」。顔は、目に見える形でその人を他の人と区別し、他者に対して「私はだれであるか」を形として示す重要な徴となっています。

● **顔はその人を写し出す?**

　顔がその人自身を表すのならば、その顔の個性は、性格を含めたその人の内

面の個性そのものなのではないか。このように、外から見える身体的特徴である顔とその人の性格とを結びつける発想は、古くから存在していました。書物としては、アリストテレスの弟子たちが書いたとされる『人相学』（福島訳, 1969）が残されています。アリストテレスは「霊魂」（≒いまの私たちが「心」としているところ）は身体に従う、つまり、外面たる身体と内面とは相互に共感しあうと考えていました。この考え方に基づく『人相学』では、身体的特徴がもっとも表れやすい部分は顔であるとされ、「心」を読み解くうえでの顔の重要性が指摘されます。この発想に源流をなす見解が、その後、人相学をはじめ、手相や骨相などを含めた「観相学」の諸理論として発展しました。

　それらはいずれも、現代の性格研究では支持されていません。にもかかわらず、外から観察できる身体の形がその内にある個別の特性を表しているという観相学の発想は、生活の中で連綿と受け継がれているようです。

● 顔に関するステレオタイプ

　ある調査によると、顔からその人物の性格を多少なりとも推測できると考えている人はおよそ4人に3人にものぼるとされています（Hassin & Trope, 2000）。ある人の顔写真を複数の人に見せてその人物の性格を評価させると、そこには一定の共通性が認められるそうです。それはなぜでしょうか。

　私たちのものの見方に、**ステレオタイプ**とよばれるものがあります。あるカテゴリー（性別や年齢や職業など）に属する人を、紋切り型に理解してしまうことです。その人がどうであるかではなく、その人が属するカテゴリーからその人のことを外から決めつける、そんな見方のことをいいます。

　観相学は、顔に対するステレオタイプ的な見方を体系化したものといえそうです。それがどのように成り立っていくのか、『人相学』がとった方法論をまとめると以下のようになります（福島訳, 1969）。

① 人間の性格を体系的にとらえる。……例）「勇猛」
②「勇猛」な動物たちに共通し、「勇猛でない」動物にはない永続的な身体

的特徴をとらえる。……例）勇猛なるライオンや野猪は「こわい毛」を
もつ。（臆病な鹿・兎・羊は「柔らかい毛」をもつ。）

② 永続する身体的特徴は、内にある性格の表徴であると考える。

③ 共通する身体的特徴をもつ人間は、その身体が表す内面をもつと考える。

　例）広い鼻端を持つ者は軽率、その証拠は牛。厚い鼻梁を持つ者は鈍
　　感、その証拠は豚。とがった鼻端を持つ者は短気、その証拠は犬。

　外見と性格とが実際にどの程度結びついているかどうかはさておき、このようなステレオタイプ的な見方が社会全体で共有されているならば、ある外見の人をある特定の性格の人だとみなす、その判断の仕方が一致するのも不思議ではありません。マンガのキャラクター設定を見ると、顔に対するステレオタイプが生かされている例が目につきます。それが、ステレオタイプ的な見方をさらに浸透させているといえるでしょう。

　外見に基づくステレオタイプの一つに、**美人ステレオタイプ**というものがあります。男女を問わず、「美しい顔の人は性格がよい」と決めつける見方です。このステレオタイプの背後にも、善き存在を美しく、悪しき存在を醜く描いてきた宗教画や神話の存在を指摘することができるでしょう。

● 暗黙の人格理論

　ステレオタイプ的な見方を含め、私たちは初めての人と出会ったとき、次のようなことを知らず知らず行っているとされます（Secord, 1958）。

① 一時的な表情を、あたかも永続的な性格の表れだととらえる。

② 自分にとって重要な関係にある人と外見的に似ている場合には、重要な
　他者と類似した性格をもつと仮定する。

③ 性別や年齢や職業などから、そのカテゴリーの人に対する決めつけた見
　方をそのまま当てはめる。

④ 顔のある部分の相貌特徴からその人の性格特性を推論する。

⑤ 相貌から受ける感じをそのまま性格特性にも一般化して判断する。

　これらをみると、その人がどのような人であるかの印象は、外から観察可能な外見を始発点として形成されることが多いことがわかります。外見をもとにさまざまな推論を働かせて情報を補足しながら、その人全体について、内面も含めた印象を形成しているのです。そのときによりどころになっている推論の形式は**暗黙の人格理論**とよばれます。

　多くの人たちと出会い、その人のことがよくわからない状態でもその人たちとやりとりしていかねばならない現実世界では、相手がどのような人であるのかを推論し、その行動を予測しながら関係を構築していくしかありません。顔からその人を判断するという推論も、暗黙の人格理論の一つです。

● 顔は「表情」と切り離せない

　ここで①に注目する必要があります。表情はその都度変化しうるものであるにもかかわらず、その人の全体的な印象形成において、実に大きな影響力をもちます。私たちは表情を、一時的に示されたものではなく、相手の安定的な性格の現れとみる傾向があるのです（中村航平，2021）。

　顔をめぐるステレオタイプ的な見方や観相学にも、表情が大きく影響しています。眉のつり上がった顔は支配的であると評価されやすいのですが、それは怒り表情の顔に類似しています。口角がわずかに引き上がった顔は信頼できるなど望ましい性格特性とされるそうですが、それは喜び表情の顔に類似しています。表情が表す内面を、それに類似した顔をもつ人の性格ととらえています。

2　顔の悩みにまつわるエトセトラ

　美しい顔の彼女とは、その後、多くの時間を一緒に過ごす親友になりました。ある日、彼女と街に出かけ、お店で化粧品を見ていたときのこと。彼女がふと、

「綺麗になりたいよねえ……」とつぶやきました。その発言は、私にとって二つの意味で驚きでした。「そんなに綺麗な顔でもそう思うんだ」ということと、「顔の悩みを口に出せるんだ」ということです。私は、顔をはじめ、自分の身体的な外見に対する強い劣等感を抱いていましたが、加えてそれを人に言えずにいました。そんな顔や身体であることとともに、そんなことで悩んでいることも恥ずかしかったのです。

● 他者の目に対する意識

顔にまつわる悩みには「他者の目」がつきまといます。自分は人からどう見られているのだろう。10代になると、このような意識が高まってきます。

ただし、ここで意識される他者とは、自分の内面を映し出したものである可能性が高いです。自分が自分の顔に対して何らかの見方をすでにしてしまっている場合、その見方の影響を受けずに、他者の反応を自由に予想することは難しいからです。他者の目ではなく、他者の名を騙る自分の目を気にしているというわけです。これは実際に他者と直接のやりとりをしている場合でも起こります。まなざしや表情の動きなど、他者の反応がもつ意味や心の動きは、ある程度の推論を働かせなければ、読み取ることができません。その際、状況や実際の他者の性質よりも、自分の態度や価値観に基づいた形で、他者の反応に対する解釈がつくり上げられるのです。

このような他者の存在は、**想像上の観客**とよばれます（Elkind & Bowen, 1979）。その他者は、自分が否定的にみているところを同じく否定的に眺める存在として想像されます。そして想像上のものなのに、本人にとっては現実の他者以上に現実のものとして感じられます。そのため、想像上の他者との関係に閉じ込められてしまい、実際の他者に出会えなくなってしまうこともありえます。そのような人たちが集まって築いている関係では、それぞれが否定的に推測しあって互いを避けあい、結果、みなが孤独感を抱いているという事態になっているかもしれません。私の友だちがもらしたつぶやきは、想像上の観客と実際の他者とのズレを、私に示してくれた経験でした。

● ボディ・イメージのゆがみ

　顔や身体に深く悩む人は、自分の顔や身体を、実際以上に醜く否定的なものとしてとらえていることが少なくありません。顔をはじめとする自分の身体についての認知や感覚は**ボディ・イメージ**とよばれます。それは、本人が主観的に感じ取った身体であり、視覚器官によって客観的にとらえられた身体というよりも、「心の目」が作り上げた身体像です（ゴーマン，1969/1981）。そのためボディ・イメージは、他の人が外からとらえたその人の身体から大きくはずれている場合があります。でも、本人の主観においてはボディ・イメージこそが現実の身体として感じられるものとなっています。

　ボディ・イメージに問題がある場合、自分の実際の顔や身体を鏡や写真などで頻繁に見ているにもかかわらず、そこからボディ・イメージを修正することができません。かなり高い水準の理想や厳しい評価基準というフィルターを通してしか見ることができないため、過度に否定的な方向にゆがんだボディ・イメージが形成あるいは強化されてしまうのです。

● ゲシュタルト崩壊

　自分の顔に注目し続けてしまうということそれ自体も、ボディ・イメージをゆがめる一因です。自分の顔をずっと見続けていると、なんとも思っていなかった目や鼻の形さえ、変なものに見えてくることがあります。これは、**ゲシュタルト崩壊**とよばれる現象です。

　ゲシュタルトとは「形態・姿」というまとまりのある構造を意味するドイツ語で、全体としての形は部分のたんなる寄せ集めではなく、部分の集まりが全体を「構成する」からこそ成り立っていることを強調する概念です。

　何かの形に意識を向け続けていると、最初はその全体に目を向けているのですが、しだいにその形をつくっている各部分への注目が進み、その結果、それぞれの部分をバラバラにとらえるということが起こります。そうなると、それらの集合を見せられても元の全体的な形を構成できず、何か気持ちの悪い、居心地の悪いものに見えてくるという現象です。

● 気にしないようにがんばる？

　であるならば、「考えない」「気にしない」ことが一番です。とはいえ、顔についての悩みが深刻な人にとっては「気にしないこと」が一番難しく、それができないからこそ悩んでいるのです。

　たとえば**醜形恐怖症**とよばれる適応の問題を抱えた症状があります。その診断基準の第一には、「(a) 他人には認識できないかできても些細な、知覚された外見の欠陥または欠点にとらわれている」ことがあげられています（アメリカ精神医学会，2013/2014）。他の人が「気にしすぎだよ」「そんなこと考えないようにしようよ」と言い、本人もそうしたいと思っているにもかかわらず、あるパターン化された思考が日常の出来事や結果と結びついた形で次々に頭に浮かんでしまい、それにとりつかれてしまうのです。これは**自動思考**とよばれます（ベックら，1979/2007）。

　自動思考には、生活の中で身につけてきた態度や価値観が深く関わるとされます。それら価値観や態度は私たちが世界に向きあう際のものの見方の枠組みともなっており、**スキーマ**とよばれます。スキーマはその時々の状況によって自動的に活性化され、それぞれの人に特有の思考が始まります。

　そうなると、どうにかしてそれを止めたいですよね。ところが、なんとかそれを止めようと努力すること、気にしないようにがんばることは逆効果となることがわかっています（Wegner, 1994）。それを考えないようにしようと心がけることで、結果的にそのことに注意を向け続けてしまうからです。その努力によって、それを気にする度合いがかえって高まってしまうという結果が招かれるのです。**思考抑制の逆説的効果**とよばれます。

● 私たちは自分の顔を知らない

　ところで、そんなに私たちのことを悩ませる顔について、私たちはどの程度知ることができているのでしょうか。私たちの顔は、自分のものでありながら自分でそれを見る機会は限られています。それをよく眺めるのは、むしろ自分以外の他者です。私たちは自分の顔を確認するべく鏡を見るのですが、そこで

示される顔は、他者が見ている顔とは左右が反対になっています。

　左右が逆であることは、顔を見るうえで実は大きな影響を及ぼします。私たちの脳は、向かって左側の顔の部分に注目して顔の印象を形成するしくみをもっているからです（山口，2016）。鏡を見ながら自分の顔についてあれこれ考えても、それは自分一人だけが見る顔に向きあっているにすぎないのです。

　そもそも私たちは自分の顔をよく知らない。悩みの種のことを、実はよく知らないのです。このこともよく覚えておく必要があります。

3　顔ってだれのもの？

　いまでも私は、自分の顔をまじまじと見つめると、まずは不満がわいてきます。綺麗になりたいと思います。ただ、そんな不満や悩みや願望を抱いていること含めて、その顔をもつ自分を引き受けているのが当時との違いです。

● 「美しい顔」とは？

　そもそも「美人」ってどんな顔なのでしょう。"世界三大美人"、"絶世の美女"という言葉が存在するように、古今東西問わず、「美しい」顔は存在し、そして価値あるものとして称えられてきました。

　文化や時代を超えて、私たちが共通して美しいと感じているものに見出される特徴には、「**黄金比**」があげられます。芸術家たちが美しさを創作する際に基準として用いることもあり、絵画や彫像の美しい顔を黄金比で分析する研究もあります。その他に、対称的であることや平均的であること、バランスがとれていることなども、美しさを感じさせるといいます（大坊，2000）。

　ですが、「美人」については、その基準は時代や文化によって実にさまざまで、一定の普遍的答えを定められません。たとえば現在、付けまつげやカラーコンタクトなどで目を大きくする化粧が盛んですが、大きな目を美しいとする意識が生まれたのは明治以降のこととされます。江戸時代の後期に書かれた化

粧本には、「目の小さきを常のごとき目にする伝」「目の大なるをほそく見する伝」といった内容（目を小さくする方法）が書かれているそうです（村澤, 1992）。

文化によっても違います。エチオピアの「ムルシ族」の住む村では、女性は下唇にお皿をはめる文化があるのですが、大きなお皿をはめることができている女性ほど、美人だとされるそうです。ムルシ族の美人の基準は、唇にはめているお皿の大きさだというわけです（中村桃子, 2021）。

● 「美人」は学習される

顔の美醜の内実は、人類普遍の絶対的価値ではないのです。それはすなわち、私たちが、育ってくる中で社会の美醜基準を学習し、内面化して、自分の中の美醜の基準を形成してきたことを意味します。

その証拠を一つ示しましょう。児童の発達を測定する道具の一つに、鈴木・ビネー式知能検査というものがあり、そこには「美の比較」という項目が含まれています。2つの絵を示して、美しいのはどちらかを常識的に判断させるという問題で、2007年まで使われていた検査では、女性の顔が用いられていました。作成過程において測定された正解率を見てみると、4歳台前半64.3%、4歳台後半76.3%、5歳台前半87.4%、5歳台後半86.6%、6歳台前半89.0%。6歳台後半95.2%、7歳台前半93.7%、7歳台後半98.4%と、年齢が上がるに従って正答率が上がることが示されています（鈴木, 1931）。発達とともに、評価基準が学習されていることがわかります。

私たちは、最初から美人がどんな顔かを知っていたわけではありません。ごく幼いころは、自分にとって大切な人の顔、たとえば養育者の顔こそが、絶対的な美人の顔だったかもしれません。成長する中で、大人の言動やメディアの情報などにふれ、社会の中での美人の評価基準を取り込み、それによって美醜を判断する目が形成されていくのです。そしてそれを自分の顔にも当てはめ、社会の中での位置づけを探るようになります。

● 「美人」になりたいのはなぜ？

そもそも私たちが顔の美醜に悩むのは、その審美的な価値もさることながら、それが対人関係において肯定的な影響を及ぼすと考えられていることが大きいと考えられます。美人ステレオタイプの研究によると、美人度とその人に対する好意度とは、強く相関することが知られています。

ただ、すでにふれましたが、その人の顔からどのような印象が形成されるかは、顔にどのような表情がともなっているかによって大きく変わります。たとえば笑顔の人に魅力を感じることは、日常的にも経験しているところだと思います。同一人物の写真であっても、笑顔の表情がともなう顔を見た場合にはその人の魅力度が高まることが、研究でも確かめられています（竹原ら，2021）。また、私たちは好ましいという感じを「かわいい」という言葉で表現することが多いのですが（垣内，1996）、「かわいい」という感情を喚起させる非常に重要な属性の一つは、「笑顔」であることが明らかにされています（入戸野，2013）。

● 「思考」が悩みを深刻化させる

顔は、他者にとって自分という存在を呈示するものであると同時に、自分にとっては自分自身の存在に向きあわせる入り口の役目も果たしています。顔を見ると内省が促され、自分に関する問題を、本来は顔の問題ではないのに、目立つものであるがゆえに顔に結びつけるという、**誤った関連づけ**も起こります。何か深い悩みを抱えていたり、自己嫌悪にさいなまれたりしている場合、「自分」という個別の存在を目に見える形で表している「顔」を、悩みや嫌悪の具体的な原因として眺めてしまうのです。

顔を見ていると、美の基準からの逸脱を容易に見つけてしまいます。それぞれの顔に個性があるからです。その逸脱をもって、やはり自分の顔は美しくないと確信してしまうと、それによって自動思考が開始されることがあります。結果として、自分に対する不安や不満が増幅されます。10 代の脳がもつ、曖昧な刺激を否定的なものとして解釈しやすい特徴も（ジェンセン＆ナット，

2015)、否定的思考を加速させます。

　自動思考に陥っているとき、人はその思考から距離をとることができず、それに頭の中を埋め尽くされてしまい、なかなか別の見方を受け入れる余裕をもてません。そのため、まずはそのような状態に自分が陥っているということに「気づく」ことが大事だとされます。それを否定せずにあるがままに眺めること。それが自分と思考との距離をとることにつながり、その思考とのつきあい方、向きあい方を変えることを可能にします（伊藤，2018）。

● 顔のもつ社会的意味

　顔は、子どもの顔から青年の顔、大人の顔、高齢者の顔へと、身体的変化にともなって変化します。同時に、私たちは、顔をもつ身体を基盤に、自分という存在を確かなものにしています。それゆえ、顔は、変化しながらも同一の存在である、「私」の存在の具体的な象徴です。

　同時に他者は顔を手がかりに、私がだれであるかを同定しています。顔は、社会の中での「私」という存在の個別性を確かなものにします。そして、他者に対する印象を操作するための**自己呈示**の道具としても顔を使います。ただし他者がその顔をこちらの意図通りに受け取るとは限りません。その意味で、顔はコミュニケーションツールだといえるでしょう（山口，2016）。

　「五十歳の顔には、あなた自身の価値が表れる」とは、ココ゠シャネルの言葉です。ここには美醜の次元によらない顔へのまなざしがあります。あなた自身としての「顔」が、あなたが積み重ねてきた経験の結果としてつくられていくのです。

『自分の顔が好きですか？ ——「顔」の心理学』
山口真美著　岩波書店　2016 年

　「人の顔を見る」という当たり前の行動が、いかに不思議に満ちているのかに気づかせてくれる本です。顔にまつわる興味深い疑問がさまざまに呈示され、紹介される最近の研究知見に導かれながら、その疑問を楽しく考えていくことができます。顔について心理学的に探究するとはどういうことかを理解するうえでもよき入門書といえます。思春期・青年期に経験する顔の問題についても丁寧に論じられています。

『鏡の前で会いましょう（全 3 巻）』
坂井恵理著　講談社　2016 年

　「ブスででかい」“みょーこ”と「かわいくて華奢な」“まな”の身体が入れ替わるという設定で展開する物語です。入れ替わりに戸惑う二人が、自分の身体を外から眺め、相手の身体を内側から生きる中で、外から見たときの自分を眺め、また、自分や他人が自分に対してどのような視線を注いでいたかを知っていきます。自分という存在にとっての身体の意味を考えさせてくれる、よき事例といえる作品です。

『アピアランス〈外見〉の心理学
　　—— 可視的差異に対する心理社会的理解とケア』
ニコラ・ラムゼイ、ダイアナ・ハーコート著　福村出版　2017 年

　自身の外見に対する不安を中心に、その実態について、それを増大あるいは緩和させる要因や介入についてなど、外見と心理的健康との関連をめぐるさまざまな研究が紹介されています。生活している社会的文脈を考慮しながら、また、発達段階ごとに展開するものとして、外見について考える視点を提供してくれます。「可視的差異」の問題を取り上げている点もポイントです。ルッキズム（＝外見至上主義）批判の議論に臨む際にも役立つでしょう。

第**20**章

そこまで悪いことは
しないけど……？

非行・問題行動の心理学

1 「問題行動」は悪いことなの？

　思春期や青年期は、別名、**第二反抗期**とよばれ、大人からすると、子どもたちが「悪いこと」に手を染めやすい時期などといわれたりします。実際、この時期には**非行**といった法に触れる行為をする者や、法には触れないものの、社会規範や常識に反する**問題行動**をとる者が増えるといわれます。しかし、このように思春期・青年期を反抗期ととらえる見方には、二つの点で慎重になる必要があります。

● 非行や問題行動が増えているわけではない

　一つは、たしかに発達的にみると、この時期に非行や問題行動をする者が増えます。しかし昔と比べて、現在、その数が増えているわけではないということです。たとえば、図 20-1 は人口 1000 人あたりの非行の発生率を示したものです（警察庁生活安全局少年課, 2022）。2012 年のグラフをみると 14 〜 16 歳に非行の発生率のピークがあり、その後、減少していきます。つまり、中学生か

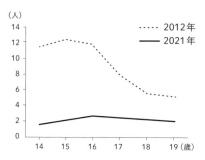

（人）

- ····· 2012年
- —— 2021年

図20-1　非行少年の年齢別人口比（1000人あたり）

ら高校生にかけて非行がもっとも増えることがわかると思います。長らく日本の少年非行には、この傾向がみられていました。ところが、近年、急激に少年非行が減少するとともにこうした傾向がみられなくなってきました。2021年のグラフから明らかな通り、ピーク時でみると2012年には1000人あたり約12人発生し

ていた非行が、2021年には3人ほどまで減少しています。またそれにともなって、以前はみられていた14～16歳にかけての非行の増加もそれほどみられなくなっています。「思春期・青年期は問題を起こしやすい時期」と一般的には思われがちですが、現在の日本の少年非行に注目するなら、必ずしもそうではないといえます。これは法に触れるような行為だけでなく、軽めの反抗に関してもいえます。たとえば、最近の調査では、若い世代ほど、反抗期が存在しなくなっていることが明らかになっています（明治安田生命生活福祉研究所, 2016）。具体的には、親世代では「反抗期と思える時期がなかった」と答えたのは約27％だったのに対して、子ども世代では約40％でした。つまり、思春期・青年期は、「悪いことをする」と思われがちですが、いまの若い人では、その傾向は減少しているということです。

● 問題行動が悪いとはかぎらない

　もう一つは、若者が起こす問題行動自体が「悪いこととはかぎらない」ということです。たとえば、ツーブロックという髪型が、学校によっては問題行動とみなされ、**生徒指導**の対象になるということが社会問題化しました。その後、この髪型を禁止する合理的な理由がないということで、都立高校ではツーブロック禁止という校則が全廃され、結果的にこの髪型をすることは問題行動とみなされなくなりました。つまり、この場合、生徒のある行動が悪いというよ

りも、ルール・校則のほうが、合理性に欠け、悪かったといえます。

　他にも大人からみると「悪いこと」であっても、子どもの側からみると「かっこいい」という意味でむしろ「良いこと」とみなされるような場合もあります。たとえば、「教師への反抗」は、一般的には、「良くない行動」という意味で問題行動とみなされます。しかし、教師と生徒の関係が良くない学校においては、教師に逆らうような行動は、他の生徒から積極的な支持を得るという意味で、「悪いこと」ではなく、「かっこいいこと」としてみなされる場合も多々あります。つまり、この場合、教師への反抗は、教師に代表される**学校文化**からみれば、**不適応行動**ということになります。しかし、**生徒文化**からみれば、教師に対して不満をもつ他の生徒の期待に応えるという意味で、**適応行動**ともいえます。つまり、この場合も生徒の行動それ自体が悪いというよりも、それを取り巻く環境の状態が悪いといえます。したがって、こういうときは、問題を起こした生徒に罰を与えてなんとかしようとするよりも、教師が生徒との関係を見直し、信頼関係を回復するなど改善を図ることのほうが重要になります。

● 問題が起こせるようになることの意味

　このように考えると、若い人たちが問題を起こすことそれ自体は、ただちに「悪いこと」とはいえないということがわかります。たしかに、大人からみると、困った行動かもしれません。しかしもう一歩下がってみると、その背後には、それを問題行動にしてしまうような、さらに困ったルールや状況が隠れているかもしれません。したがって、若い人たちが起こす問題は、時に、これまでの古いルールに見直しを迫り、社会に変革をもたらす可能性がある行動ともいえます。

　もちろん、若い人たちが起こす問題のすべてがこうした良い側面をもっているとは限りません。しかし、教育現場で考えてみると、生徒たちが示す問題によって、学校は少しずつ良い方向に変化してきた面もあります。たとえば、ツーブロック禁止だけでなく、地毛証明書や下着の色まで強制されるようなことが、数年前まで日本の学校で少なからず行われてきました。しかし、先にみ

たように、これらのことがある種の問題行動として社会問題化することで、ルール自体が変化を迫られ、いまでは問題行動ではなくなりました。それにともなって、現在の状況は、生徒からみれば理不尽なルールから解放され、より自由を得たことになります。また教師からみても、限られた労力を髪型や下着のチェックに使うのではなく、もっと生産的な方向に向けられるようになったという意味で自由を得たともいえます。

　人間社会の最大の特徴は、前の世代から与えられたものをそのまま受け継ぎ、守るだけではなく、つねに新たなものや変化を付け加えていくということです。それによって人間の社会は、他の動物にはみられない高度な文明を築きあげました。その背景には、多少のリスクをとることをいとわない、大人からみると少々危なっかしい若い人たちの問題行動が関係していたとも考えられます。そう考えると、先行世代への反抗が少なくなった現在、それは良いことのように思える一方で、若い世代の人たちの創造的な問題行動を起こす力が損なわれているのではないかと、ちょっと心配にもなります。

2　なぜルールを破るの？

　思春期や青年期は、ルールを破るなど悪いことをするのがかっこいいと人生でもっとも感じる時期です。おそらくみなさんの保護者も若気の至りといえるような悪いことをしたり、悪いことをかっこいいと思ってしまっていた過去があるはずです。

　ここでは、規範意識に焦点をあて、規範意識と問題行動は別物であること、規範意識の低下によって問題行動が起きるのか、若者の規範意識は低下しているのか、規範意識の醸成がはらむ問題などについてみてきましょう。

● 規範意識と問題行動は別物
　ルールを破ることは心理学では規範意識との関係で説明されることが多いで

す。規範は多くの者によって共有されている価値基準とその実現のためにとられる行為の様式を指し、その規範が内面化されたものを規範意識といいます（和田・久世，1990）。

　「問題行動をするなんて規範意識がないからだ」と言われるとなんとなく納得してしまうかもしれません。ただし、この説明の仕方には重大な欠陥があります。悪いことをする（行動）と悪いと思うか（意識）は別物であり、悪いと思っていても悪いことをすることは多くあるからです。わかりやすくいえば、意識と行動が混同されてしまっています。筆者は万引きに関する調査を行った際に、「万引きをする・しない」を「万引きを良いと思うか・悪いと思うか」で代用してほしいと言われ、憤慨した経験がありますが、する・しないと良いと思うか・悪いと思うかは関係があっても、どこまでいっても別物です。

　以前に、規範知識と真の規範意識があるという話を耳にしました。規範知識とは、悪いことをしたら罰せられるというもので、犯罪者も知っていることであり、真の規範意識とは「一人はみなのために、みなは一人のために」を実感し、行動することだそうです。真の規範意識はいろいろと突っ込みどころ満載ですが、一番の問題は規範「意識」と言っているにもかかわらず、いつのまにか行動についての説明になってしまっていることです。このように、意識と行動は分けて考えねばなりません。たとえば、殴りたいと思ったことと殴ることは同じではありません。

● 問題行動は規範意識の低下から起こるのか

　一般には、悪いということをわかっていないから、問題行動をすると考えられがちです。実際には、前述にように問題行動をすることは悪いとわかっていても、問題行動をしてしまうことは多々あります。若者が手を染めやすい犯罪である万引きについての調査では、被疑者の規範意識は非常に高いことが示されており、万引きは悪いことがわかっていても起きている犯罪といえます（大久保ほか，2013）。

　問題行動をする若者の多くは悪いことはわかっているといえます。まず、本

当に良い悪いがわかっていないと、わざと悪いことばかりし続けることができません。悪いということはわかっていても、悪いことなどをして反抗することがかっこいいという規範が影響しているわけです。このように規範は一般的な規範と仲間などの準拠集団（価値観を共有する仲間の集団）の規範に分けることで説明できます（Matza, 1964）。若者の問題行動と関連する規範は、一般的な規範よりも仲間などの準拠集団の規範です。つまり、一般的に悪いということはわかっていても仲間集団のほうが重要なため、問題行動を起こすわけです（大久保ほか，投稿中）。

他の研究でも、規範意識よりも、問題行動の情報に触れることや環境に適応していることのほうが問題行動の要因となっていること（大久保・西本，2016）が明らかとなっており、規範意識の低下のみが問題行動を招くとはいえない可能性があります。このように規範意識は問題行動と関連しますが、規範意識のみが問題行動の原因であるというのは難しいといえます。

● 若者の規範意識は低下しているのか

現代の若者の規範意識の低下は数十年前から指摘されています。このことが正しいのならば、現在の若者の規範意識は下がり続け、底をついた状態になっているはずです。しかし、過去との比較では規範意識は低下していないことが栃木県総合教育センター（2011）の調査によって明らかとなっています。そもそも、若者の多くは道徳・規範に反抗・抵抗は考えていないことも指摘されています（浜島，2006）。

他の年代との比較では、若者の規範意識は低下することが示されていますが、この低下は、心理学では、認知発達理論が論じるように、規範の理解が進み、自ら判断しようとしていることの現れとしてとらえられています（山岸，2002）。つまり、若者の規範意識の低下は、一般に考えられている未学習によるモラルの低下ではなく、心理学的には発達的変化としてみなすことができるのです（有光・藤澤，2015）。

その一方で、教師を対象とした研究（大久保・中川，2014）ではベテランの

教師は子どもの規範意識が低下してきていると考えていることが示されています。ただし、ベテランの教師は子どもとの距離が遠くなり、経験が邪魔をして子どもの姿が見えにくくなっている可能性があります。簡単に言えば、「今どきの若者は」と言い始めたら、年をとってきた証拠といえるでしょう。

● 規範意識の醸成がはらむ問題

　規範意識の醸成は国において、問題行動や犯罪の対策として重要な課題となっています。規範意識の醸成といわれると、みなが必要なことだと思うでしょう。しかし、問題行動や犯罪を規範意識という個人の心の問題に落とすことで、環境の側の問題が見えなくなることがあります。また、規範意識の醸成は個人の自己責任となるため、だれも責任が問われない構造を含んでいます。学校で言えば、ルールを破るのはその個人に問題があるからだと考えるため、学校の側の問題（校則や教師の指導の仕方）に目が向きません。学校や文科省にとって非常に都合のよい構造になっているわけです。ただし、問題行動の原因は規範意識の低下のみではないので、現状はよくなりません。

　重要なことは、若者がルールを破るなどの悪いことを規範意識のみで理解しないことです。そもそも理不尽なルールを破ることは悪いことといえるのでしょうか。問題行動については、規範意識のような個人の心の問題だけではなく、学校のあり方などの環境の側の問題も見ていく必要があるといえるでしょう。

3　なぜルールを守るの？

● ルールを守れることは当たり前？

　非行・不良行為と聞くと、それをしている少年個人に対して「なぜルールを破るのだろう」という疑問をもつ人は多いと思います。「ルールは守って当然」「守ることはだれでもできる」というような前提があり、「それなのになぜ？」ということなのでしょう。逆に「みなさんは、どうしてルールを守っているの

ですか？」と聞かれたら戸惑うかもしれません。でも、上記の前提はそれほど
だれにでも通用するものではないと思います。

　非行にはしる少年の中でも、その程度が深い人は少年院や児童自立支援施設
といった施設に入って更生にむけた教育をうけることになります。この施設に
入所している少年たちの生い立ちを調べてみると、少なくとも 5 ～ 6 割の少年
たちが虐待を受けていることがわかっています。この傾向は非行をくり返す少
年ほど大きいこともわかっています。虐待とは、保護者から暴力をふるわれる
こと（身体的虐待）、性的被害を受けること（性的虐待）、お前なんか生まれて
こなければよかったなどの存在を否定するような言葉をかけられること（精神
的虐待）、衣食住をはじめ適切に養育されていないこと（ネグレクト）の総称で
す。いずれも、自分には価値がないし、何も意味のあることはできないと思え
てしまったり、暴力を受けたりしたときの恐怖がふいによみがえってきてパ
ニックになるといった症状に長く苦しめられるものです。もちろん、非行は本
人がしたことですから、虐待を受けていたからといって罪がなくなるわけでは
ありません。しかし、非行にはしることなく生活することに、信頼でき、安定
して適切な関わりをもってくれる保護者をはじめ、本人をとりまく環境のあり
方が大きく関わっていることがわかります。

　心理学では、非行や不良行為につながりやすい「リスク要因」と、そこにい
たるのを防ぐ「保護要因」とがあると考えます。「虐待」はリスク要因の一つ
です。非行や不良行為には知らない人は、たとえリスク要因があっても、保護
要因がたくさんあるために、それを起こさずに済んでいると考えられます。

● ルールを守る基盤としての「学校とのつながり」

　非行や不良行為への保護要因にはどのようなものがあるのでしょうか。その
うちの一つに**学校とのつながり**があげられます（CDC, 2011）。これは生徒た
ちが、学校で出会う大人や仲間たちが、自分たちをケアしてくれていると感じ
る度合いを示すものです。つながりを強く感じている若者ほど、喫煙、飲酒、
薬物乱用、暴力などの行動をとらないことがわかっています。つまり、学校で

の活動に加わること自体が、子どもの将来にとってのよい効果があるというわけです。

　学校とのつながりは、学校にくることとイコールではありません。多くの調査から、非行化を進める要因には、本人の低学力や、自分と同じように悪いことをしている仲間と出会うことがあることがわかっています。少年の多くは、小学校3年生くらいからすでに学校の授業についていくのが難しくなっています。先生が何を言っているのかわからないのに、ひたすら静かに教室にい続けるのは苦痛だと思いませんか？　隣の子にちょっかいをかけたくなったり、騒ぎたくなったりするのも、無理ないことかもしれません。でも、そうすると先生からは怒られ、クラスメイトから邪魔者扱いされることになります。そこで、もはやここに自分の居場所はないと感じて教室から（あるいは学校から）出ていく少年もでてきます。

　出ていってみると、そこには自分と同じように学校がおもしろくないと言っている少年たちと出会います。喫煙や飲酒をしたり、深夜に街で遊び歩いたりと、なにやら楽しそうなことをしている先輩たちとも出会います。この少年たちは自分を受け入れてくれます。話してみると、自分と同じような生い立ちを共有していることがわかったりすることもあります。まさに「居場所」が見つかるのです。こうしたことが「非行をする仲間との出会い」の典型的なパターンといってもよいでしょう。だから、いくら教室や学校に来させても、少年らの居場所がそこになければ、少年らはそこに居続けることはないでしょう。学校に来させるだけではなく、少年に、（悪いことをするのではなくて）学校の正規の活動の中にも自分の居場所がある、みんなからも認められていると感じられるようにしていくことが同時に重要になります。不良行為をする生徒に対して取り組まれたすぐれた実践記録には、「学校とのつながり」をつくりあげるような先生方の工夫を見つけることができます。

● 安全で安心な環境をつくるために

　非行とまではいかなくても、クラスの多くの生徒が教師の言うことを聞かな

くなり、騒いだりし始めることがあります。**学級の荒れ**などといわれる状態です。私が授業で大学生に聞いてみると、このような状態を経験している人は少なくありません。みなさんの中にも、昔のクラスがそうだったという人がいるかもしれません。

　最初に騒ぎ始めるのは、特定のうるさい生徒かもしれません。でも、ある研究によれば、学級の荒れの状態にあるとき、教師への信頼をなくし、学校が嫌いになるのは、その周囲にいる、悪いことをしない多くの生徒たちです。こうした生徒にしてみれば、静かに勉強したいのだけれど、うるさくて集中できずストレスだ、そんな自分の困りごとに先生は気づいてくれない、それどころか、騒いでいる生徒には甘いくせに自分たちには厳しい、こうした体験をしています（加藤・大久保, 2006）。これが続けば、先生は頼りにならない、ついていけない、そんなふうに思っても致し方ないように思えてきます。ルールを守ることの前提に、いかにみなさん自身が守られることが必要かがわかります。

　では、その守られた環境をつくるにはどうしたらいいでしょう。もちろん、それは第一に大人の責任です。ですが、大人も万能ではありません。みなさんの協力が必要です。実際、学校でみなさんがルールを守っているのは、みなさんが先生が言っていることは正しく、当然すべきことだと理解しているからだけではないでしょう。むしろ、先生が求めるルールに疑問をもちつつも、「この先生のことは信頼できる」とみなさんが感じ、「この先生の言うことだったら聞いてやろう」と、いわば協力しているから生じていることでもあるのです。「学級の荒れ」は、こうしたみなさんからの信頼が途切れた状態といってもよいかもしれません。

　みなさんの周囲にはいろんな大人がいると思います。なかには「あなたのことは絶対先生とは認めない」とあなたが思うような大人もいるかもしれません。でも、あきらめずに周囲を見渡すと、なかには（厳しいこともいうけれど）自分たちに役立つことを言ってくれると思える大人もいることでしょう。そのような大人と話をしてみてください。何かヒントが得られるかもしれません。

　と同時に、（先生に注意されるからではなく）みなさんなりに正義だと思える

価値観を共有できる友だちを探してみてください。ある調査によると、学級の荒れの状態にいるとき、自分はよくないと思うけれど、周りの子たちはそうでもなさそうだと感じる人が多いことがわかりました（加藤・太田，2016）。みんな周りで同じようなことを思っている人がいることを知らないので、「それはおかしい」と声をあげる勇気がでないというわけです。案外、話してみると、自分と同じように感じている人がいるかもしれません。そうやって価値観が共有できれば、声をあげる勇気がわいてくるかもしれません。あきらめず、自分たちは自分の力で安心できる環境がつくれるという希望をもってみてほしいと思います。

『〈ヤンチャな子ら〉のエスノグラフィー —— ヤンキーの生活世界を描き出す』

知念渉著　青弓社　2018 年

　単純なイメージで語られがちな問題生徒とともに過ごし、生徒の側から高校生活や大人になることを捉えた生活誌。ヤンキーと一括りにとらえられがちな彼らの中にある多様性を集団内部での位置、家族との軋轢といった視点から描きだした労作です。自分と同じ、こんなにも違う高校生の生活を知りつつ、それを学問するとはどういうことなのかを考えられる本です。

『実践をふりかえるための教育心理学 —— 教育心理にまつわる言説を疑う』

大久保智生・牧郁子編　ナカニシヤ出版　2011 年

　「今どきの若者は社会性がないのか？」「問題児と向き合うことが生徒指導なのか？」など教育心理にまつわる言説について批判的に検討した本です。子どもの問題とするのではなく、大人の責任として何ができるのかを考えられる本です。

『下手くそやけどなんとか生きてるねん。 —— 薬物・アルコール依存症からのリカバリー』

渡邊洋次郎著　現代書館　2019 年

　著者の渡邊さんは、薬物・アルコール依存症の当事者でありつつ、現在まで 10 年以上酒も薬物もたち、支援機関のスタッフをつとめておられます。本書はそんな渡邊さんの自叙伝です。「精神科病院に入退院が 48 回、刑務所にも 3 年服役」などと聞くと、どこか遠い世界の人だと思えます。渡邊さんの鋭い言葉にふれることで、こうした人たちの世界を、ぜひ身近に感じていただきたいと思います。

第21章

今の世の中、無理ゲーじゃない？

社会と政治の心理学

1　どうなったら「大人」とよべるの？

● 自分はもう大人？　まだ子ども？

　あなたは自分を大人だと思いますか？　子どもだと思いますか？　もう大人だという人もいれば、大人とはいえないという人もいることでしょう。大人になりたい人もなりたくない人もいるかもしれません。

　2022年4月1日から、民法で定められる成年年齢が20歳から18歳へと引き下げられました。法律的には、「18歳以上は大人だよ」と言われるようになったわけです。これまで保護者の同意が必要だった、クレジットカードを作る、ローンを組むなどが同意なしで可能になりました。一見、保護者の縛りから解放されて、自分の意思で自由に決めて生きていくことを社会に認めてもらえるかのように思えます。しかし、一方で、「あなたは今日から大人なんだから」と急に突き放されるようにも感じられます。

　大人になるとはどういうことなのでしょうか。発達心理学では、大人になることを青年期から成人期への移行という言葉で表すことがあります。まず、青

年期の終わりや成人期の始まりはいつごろなのか、どのような指標で判断されるのかをみていきましょう。

● 大人の始まりはいつ？

　日本青年心理学会では、2013 年に、学会の会員を対象に青年期の始まりの年齢と青年期の終わりの年齢をたずねる調査を行いました。その結果、青年期の始まりを 12 歳または 13 歳と回答した人は 6 割でした。その理由として多く挙げられていたのは、「二次性徴」や「中学生」に関するものでした。身体的変化や中学校への学校移行を青年期の始まりの指標ととらえる人が多いという結果でした。

　一方、青年期の終わりについては意見が分かれました。22 歳、25 歳、30 歳の 3 つがとくに多い回答でしたが、さらに下やもっと上の年齢を挙げる人もいました。理由として多く挙げられていたのは、「大学卒業」「経済的・社会的・心理的・精神的自立」「就職・仕事」のいずれかに関するものでした。学校・大学を卒業して働き出すころ、働き出して数年経ったころ、何らかの自立を果たすころなど、青年の心理を研究している研究者の間でも青年期の終わりについての定まった意見はありません。二次性徴という生物学的な指標でとらえられる青年期の始まりとは異なり、青年期の終わり、すなわち、何をもって大人になったといえるのかはそれだけ難しいといえます。

　アーネットは、就学期間の延長や社会構造の変化を踏まえて、18 歳から 25 歳を中心とする 10 代後半から 20 代までの時期を、青年期とも成人期前期とも異なる「**成人形成期**（emerging adulthood）」だと提唱しています。この時期はだんだんと大人になっていく時期だと考えられます。

　大人の始まりを明確に定めるのは困難ですが、従来からいわれているように、大人になるうえで重要なのは、親など保護者からの<u>自立</u>だと考えられます。自立には、経済的自立もあれば精神的自立もあります。何らかの職に就いて自分で生活の糧を得ることは、経済的な自立の要です。保護者も含めた周囲の人と大人として対等な関係を築いていくことは、精神的な自立の要です。

● 大人になるのが難しい社会

　先に、大人になるうえで重要なのはさまざまな自立だと述べました。自立という観点からみると、現在の社会は大人になるのが難しい社会だといえます。

　第一に、**青年期の長期化**です。文部科学省の学校基本調査によると、2021（令和3）年度の高校進学率は98.9%、大学・短大進学率は58.9%、専門学校進学率は24.0%となっています。義務教育期間終了後も学校に通う期間が長くなってきているため、職に就く前の期間が延びています。その分、保護者からの経済的・精神的自立が先延ばしになる可能性が高まります。

　第二に、**アイデンティティ確立の難しさ**です。価値観が多様化している現在の社会においては、「こうなるべき」という決まったモデルがなく、自分がどう生きていくのかビジョンを描きにくいといえます。

　第三に、経済状況など**社会構造の変化**です。日本をはじめとする現在の先進諸国は、民営化や規制緩和などを推進する新自由主義的な資本主義経済下にあります。グローバル化の進展もあり、働き方や産業のあり方が変化しています。そのような社会構造のもとで、個人の「自助努力」「自己責任」が強調されていることが指摘されています。

　第7章や第17章で、青年期はモラトリアムとよばれる自立に向けた準備期間であり、そのために高校や大学などでさまざまなことを学んだり経験したり考えたりするのだと紹介してきました。しかしながら、村澤和多里らは、日本の青年は「**モラトリアム（猶予期間）なきモラトリアム（青年期）**」を過ごしていると指摘しています。たとえば、大学1年生のうちから資格取得や就職活動の準備を推奨され、大学が「就職予備校」のようになっているとされています。じっくり学んだり、課外活動を通してさまざまな人と接したり新たな経験を積んだりする機会が失われています。青年期が長期化していても、その内実は大人になることを焦らされていて、モラトリアムになっていないといえます。

　アイデンティティ・ステータスの研究をしているマーシャは、「**早期完了**」というステータスを見出しています。早期完了は、親などの価値観をそのまま受け入れており、葛藤や模索をせずに一直線に行動しているようなタイプです。

たとえば、弁護士になりたくて、大学入学直後からロースクールや司法試験合格のための勉強にまい進している学生がいたとします。一見、進路のために着実に歩みを進めているかにみえますが、何のために弁護士になるのか、どういう弁護士になりたいのか、なぜ他の進路ではなく弁護士なのかといったことを模索せずにいます。いざ弁護士になってさまざまな依頼人に対応する中で、価値観が揺さぶられるようなことがあったときに、大きく挫けてしまうことがあります。真の自立には程遠い状態といえます。

　経済的にも社会的にも心理的にも自立していくためには、青年が自分の生き方をじっくり考え、大人になるための準備期間を社会が保障していく必要があります。そのような機会が保障されていないのに、たんに18歳になったから、学校を卒業したから「はい、大人」と一方的によぶのは乱暴だといえます。

2　「ブラック」でない働き方はあるの？

● 「働きたくない」と思うのはなぜ？

　自分と社会との関係を考えたときに、多くの人がまず思い浮かべるのは、「社会に出る」、つまりは何らかの職に就いて労働することだと思います。前節で述べたように、職に就いて働くことは、経済面や精神面などさまざまな面で親などの保護者や大人からの自立を促します。

　働くことはそれだけ重要とはいえ、みなさんは「働きたくないな」と思うことはないでしょうか？　なぜ、働きたくないと思うのでしょうか？　この項では、青年が働くことをどうとらえているのかに関する心理学的研究を紹介します。進路や就職については、第17章などもぜひ参照してください。

　大学生や20代前半の社会人に就職に対するイメージを自由に記述させた杉本英晴の研究からは、働きたくないと思う理由の一端がみえてきます。表21-1は、大学生と社会人の記述分類の回答率の違いをまとめたものです。

　表21-1からは、次の2つのことがうかがえます。第一に、大学生も社会人

表 21-1　大学生と社会人の就職イメージの回答率

	大学生	社会人
お金を稼ぐということ	58.49%	47.37%
時間が縛られるということ	47.17%	42.11%
社会的な責任	30.19%	42.11%
自立するということ　○	41.51%	15.79%
社会的な地位を確立すること　○	32.08%	15.79%
生きていくために必要なこと　●	20.75%	78.95%
自分を成長させるもの　●	18.87%	47.37%
人との出会い　●	0.00%	42.11%
夢の実現につながること　●	16.98%	36.84%
さまざまなことが経験できる場　●	9.43%	36.84%
社会の流れに流されているということ　●	18.87%	31.58%
精神的な安定を得られるもの　●	7.55%	31.58%

(注1) 杉本（2012）より、大学生または社会人の回答率が30%を超えた記述分類を抜粋した。
(注2) ○は大学生のみ30%を超えたもの、●は社会人のみ30%を超えたものである。

も働くことに対して、お金を得られる一方で時間的に拘束される、社会的責任でもあるというイメージをもっている点です。第二に、社会人は実際に働く中で成長や自己実現の場としてのポジティブなイメージや具体的なイメージを有している一方で、学生に比べて自立や社会的な地位の確立にいたるイメージをもっていないという点です。さらに、杉本の研究からは、大学生は働くことに対して、自分の可能性を閉ざしたり、社会システムの中に組み込まれたりするという拘束的なイメージをもっていることも示されています。これから職に就いて働こうとする人にとっては、就職は時間や社会に縛られていくイメージがあり、「働きたくない」ととらえていることがうかがえます。

● ワークとライフのバランスってとれるの？

「働きたくない」と思う気持ちには、現在の日本において、労働と家庭生活や余暇などその他の生活との両立、**ワーク・ライフ・バランス（仕事と生活の**

調和）が難しいという実態も反映されていると考えられます。朝早く出勤して夜遅く帰宅する親の姿から、働くのが大変だというイメージをもっている人もいるでしょう。「ブラック企業」や「社畜」など、過酷な働かせ方をする職場、つらい仕事であっても文句を言わず働く労働者を指す言葉も見聞きしたことがあると思います。2015年に大手広告代理店に勤めていた女性社員が過労やハラスメントの影響で自死した事件は、大きな社会問題となりました。雇用の不安定化や低賃金も、日本の労働環境の過酷さを表しています。OECD（経済協力開発機構）の統計資料をもとに全国労働組合総連合が分析した結果、1997年以降、先進諸国の中で日本だけが賃金が下がり続けているというデータもあります。そのような状況のもとでは、労働とその他の生活との調和をとることは困難だと感じ、「働きたくない」という思いが強まるのは当然です。

　ワーク・ライフ・バランスに関して、心理学ではスピルオーバーという概念を用いて研究されてきました。小泉智恵らによれば、**スピルオーバー**とは、「仕事と家庭の一方の役割での状況が他方の役割に持ち込まれること」です。スピルオーバーには、役割の2方向（仕事から家庭へ、家庭から仕事へ）、影響の2方向（ポジティブ、ネガティブ）があります。たとえば、仕事量が多くてストレスがたまっているときに、家事に対する意欲がなくなるといった場合は、仕事から家庭へのネガティブなスピルオーバーです。仕事と家庭の間のネガティブなスピルオーバーは、抑うつ傾向などにも関わるとされています。反対に、仕事と家庭の間のポジティブなスピルオーバーは、心身の健康につながるとされています。個人の心身の健康のためにも、ワークとライフのバランスがとれることが重要です。

●「ブラック」でない働き方をするには？

　「働きたくない」と思っていても、多くの人は働かざるをえません。「ブラック」ではない働き方、労働もそれ以外の生活も大事にできる「**ディーセント・ワーク（人間らしい働き方）**」をするにはどうしたらよいのでしょうか。さまざまな対応が考えられますが、ここでは3つ挙げます。

第一に、自分がどのように生きていきたいのかという将来展望を具体的に描くことです。レヴィンは、**時間的展望**という概念を提唱し、「ある一定時点における個人の心理学的過去、および未来についての見解の総体」と定義しました。石川茜恵が行った時間的展望の研究からは、将来展望には、過去の自分をふり返ったり、現在の行動と結びつけたりすることが重要だと示されています。過去・現在も踏まえて、自分の望む働き方を展望しましょう。

　第二に、働くことに関しておかしいな、嫌だなと思うことを言語化してみることです。おかしいな、嫌だなと思うことを書き出してみると、自分の状況や感情、思考などが客観的にみえてきます。次に、周りの信頼できる人に書き出した内容を伝えてみましょう。他者と共有することで、おかしいな、嫌だなと感じたことが、自分個人の問題ではないと気づきやすくなります。

　第三に、実際に働いていて理不尽な目にあったら、相談したり仲介役を頼んだりするなど他者の助けを借りながら対応しましょう。人とのつながりの中でもたらされる**ソーシャルサポート**を活用しましょう。カウンセラーなどの専門職や自治体などの相談窓口、労働組合に相談するのもよいでしょう。

　「ブラック企業」がたくさんあるような社会構造そのものを変えるには、心理学的アプローチだけでは不十分です。社会を変える重要な手立ての一つが、政治を変えることです。しかし、政治で何が変わるのかわからないと思う人は少なくないでしょう。次節は、「政治で何が変わるのか」を考えます。

3　政治に興味をもつことで何が変わるの？

● 投票率が低い＝政治に関心がない？

　政治といって多くの人が真っ先に思い浮かべるのは、国会議員や都道府県議会議員、市区町村議会議員を選ぶ選挙での投票でしょう。自分たちの生活や社会全体をよりよいものにするため、代表者を選ぶ重要な行動です。

　しかし、選挙は重要だとされているにもかかわらず、投票率は低い傾向にあ

ります。総務省によると、2021年10月に行われた第49回衆議院議員総選挙の投票率は55.93%でした。とくに、若い人の投票率は10代43.21%、20代36.50%、30代47.12%と低く、60代の71.43%、70代以上の61.96%と比べて20ポイント程度の差があります。若者の中では選挙に行く人のほうが少数派であり、選挙に行かないことが「当たり前」のようになっています。

　一方で、政治に関心がないとする割合については、日本の若者は案外低くないというデータもあります。OECD（2019）の報告によると、政治にまったく関心がないと回答した割合は、50%以上の東欧諸国に比べて、日本の若者は10%程度と、ドイツや北欧諸国と並んで低いほうです。日本の若者は政治に全然関心がないというわけでもなさそうです。

　政治に関心がないわけではないのに、投票率が低いのはなぜでしょうか。政治への関心が投票という行動に結びつかない背景には、「自分が投票したって、何も変わらない」という気持ちがあるのではないかと考えられます。

● 「政治家は信じられない」と「政治は自分にはよくわからない」

　では、なぜ「自分が投票したって、何も変わらない」と思ってしまうのでしょうか。さまざまな要因が考えられますが、心理学的にみると、大きく分けて2つの側面からとらえることができます。

　第一に、政治家や政治そのものに対する不信、政治不信という面です。たとえば、「政治家は選挙のときだけ調子のよいことを言っていて信じられない」「政治というものは汚い」といった気持ちです。原田唯司の研究によると、国の政治に関する情報公開の不十分さ、国民にとっての政治過程の不透明さに対する不信、政党や政治家などが国民の要求をくみ取るなど本来果たすべき役割を果たしていないことに対する不信などがあります。

　第二に、自分が政治に関わることに対する自信のなさという面です。政治的自己効力感に関わる側面です。たとえば、「政治のことは難しくてよくわからない」「政治と自分との間には距離がある」といった気持ちです。政治的自己効力感にはさまざまな要素が含まれています。たとえば、原田の研究では、政

治に対する意見が政策に反映されないととらえる、自己効力感が欠けた状態の「無力感」、自分自身の政治的な判断能力や意見を表明することに対する自信を表す「判断力」、政党の理念など政治に関する「知識」、自分を含めた個々の市民が政治に影響を与えられるととらえる「影響力」、自分には政治に参加する資格が備わっているというとらえ方に関する「正当性」の5つが示されています。政治不信と政治的自己効力感はバラバラに存在しているわけではなく、一人の人の中で複雑に混じりあって、「自分が投票したって、何も変わらない」という気持ちにつながっていると考えられます。

● 政治・社会を変えるには？

　現在の日本社会を見ていると、「自分が投票したって、何も変わらない」という気持ちにならざるをえないのもよくわかります。しかし、それでは自立することや仕事と生活のバランスをとることが難しいなど、人々のさまざまな生きづらさは解消されません。どうしたら、政治や社会を変えようという気持ちになるのでしょうか。ここでは3つの対応方法を挙げます。

　第一に、自分が何を望み、どう生きていきたいのかを考え、**言語化**することです。第10章や第11章で述べられたような自己についての理解、第16章で取り上げられた**主体性**にも関わります。自分が望まないことに対して、疑問や怒りをもち、表現することが重要です。自分で考えるだけだと頭の中がぐるぐるして落ち込んでしまったり、独りよがりになってしまったりすることもあるので、他者と一緒に言語化の作業をするのもおすすめです。

　第二に、社会の現状、歴史、構造を知ることです。たとえば、1995年に出された日本経営者団体連盟の「新時代の日本的経営」の提言は、従来の日本企業の雇用システムを大きく変えようとするものでした。この提言にも基づきながら労働者派遣法の改定などがなされ、正規雇用の減少と非正規雇用の増大などにつながっています。不安定な職に就かざるをえなかったり、「ブラック企業」で「社畜」として働かざるをえなかったりするのは個人の能力や責任によるものではなく、企業や政治によってつくられている面があります。そういっ

た社会的背景を知ることが重要です。学校でも社会を知る学びを意識してみましょう。

　青年期には認知能力が高まることによって、社会のような抽象的で複雑な事柄について考え、理解できるようになるとされています。政治不信や政治的な無力感を抱くのも、認知能力が高まって、物事を批判的、客観的にとらえられるようになったからだといえます。

　社会構造を知るなんて難しそうだと感じる人は、自分が興味のあること、たとえば音楽、スポーツ、ファッション、漫画などと現在の社会を結びつけて考えてみるとよいでしょう。

　第三に、人々が社会を変えてきた事実を知ることも重要です。たとえば、2020年に、新型コロナウイルス感染拡大に対する緊急の経済対策として、日本で暮らすすべての人に一律10万円の特別定額給付金が支給されました。当初の政府・与党案は、困窮した世帯にのみ支給するとか現金以外（「お肉券」「お魚券」など）で支給するとかいったものでした。しかし、SNSなどで「すべての人に現金を配れ」という声が多く上がった結果、一律現金10万円の支給という形になりました。多くの人々の行動が政治を動かした一例です。

　国の政治だけではなく、みなさんの身近な学校も変化しています。たとえば、2010年代後半から、理不尽な校則「ブラック校則」の問題が大きく取り上げられるようになりました。きっかけの一つは、2017年、生まれつき茶色い髪の高校生が、学校で黒染めを強要されて精神的苦痛を受け不登校になったとして起こした裁判です。その後、東京都議会などでも「ブラック校則」の問題が取り上げられたり、全国の学校で生徒と先生が議論したりしています。

　この社会が、多くの人が大きなストレスや不安を抱えざるをえない、伸び伸びとプレイすることが困難な「無理ゲー」ならば、ゲームシステム自体に問題があり、変えていく必要があるでしょう。

『ポストモラトリアム時代の若者たち
　── 社会的排除を超えて』

村澤和多里・山尾貴則・村澤真保呂著　世界思想社　2012 年

　アイデンティティ形成のためのモラトリアムである青年期が、社会状況の変化のもとでどのように変化してきたのかが描かれています。青年支援に関わってきた著者たちが、ひきこもりやニート、腐女子などの事例も含めて、現在の社会と青年の具体的な生活や意識とをつなぐものを、丁寧に論じています。現在の社会と青年の心理の関係を知り、考えるためにおすすめです。

『社会を変えるには』

小熊英二著　講談社　2012 年

　「そもそも社会を変えるというのはどういうことなのか」という問いに始まり、社会運動の歴史や現状、日本や世界の政治状況、経済構造、思想史など、社会を変えることについてさまざまな観点から論じられています。「社会なんて変わるの?」「デモって何か怖い」などの疑問や意見をもっている人にはぜひ読んでみてほしい本です。分厚い新書ですが、読みやすく書かれています。

『コミュニティ・オーガナイジング
　── ほしい未来をみんなで創る 5 つのステップ』

鎌田華乃子著　英治出版　2020 年

　社会や日常生活の中で「おかしい」と思うことを「仕方がない」で済まさないために、人々の力を集めて社会を変えていく具体的な方法を解説している本です。他者への語り方、関係作り、戦略作りなどがわかりやすく書かれていて、部活などの身近な問題にも適用できます。実際に著者が関わって社会を動かした、刑法性犯罪改正のキャンペーンの事例も紹介されています。

第**22**章

毎日イライラ……
こんなの自分だけ？
ストレスと不安の心理学

1 こんな人生、いったい何の意味があるの？

　青年期は悩みの多い時期です。家族関係や友人関係、自分の性格、進路などの多岐にわたりますが、認知能力の高まりや視野が広がることによって、人生全体について考え始め、自分が生きることの意味や、もっと大きくは人類全体が生きていることの意味を問うことがあります。そして、人生全体を俯瞰して、生きていることがちっぽけなものだと感じ、「どうせ死ぬのになぜ生きるのか」、また、「何かを残したとしても人類全体ではいつか滅亡するのだからすべてはむなしい」と感じてしまうこともあるようです。あなたは、人生の意味を問いかけたことや、むなしさを感じたことがありますか？　この節では、「こんな人生、いったい何の意味があるの？」というテーマで青年期における「生きる意味への問い」について解説したいと思います。

● 生きる意味への問いとは
　青年期において、ふと「自分はいったい、何のために生きているんだろう」

「生きることにはどんな意味があるのか」「なぜ生まれてきたのだろう」といった漠然とした問いにとらわれることが報告されています（浜田，1993: 西平，1993）。このような問いはだれもが経験するわけではなく、深く考える者もいれば、まったく考えない者もいます（菅野，1999）。

　青年期においては認知が発達し、抽象的な思考ができるようになることで、生きる意味のような哲学的な問題や、自然や社会への根本問題に関心をもつことも増え、また自分自身を知りたい、はっきりさせたいとする欲求である自己認識欲求が高まるため（上瀬，1992）、このような問いを経験するものが青年期において増えてくると考えられます。

　また、生きる意味への問いは、深く考える者にとっては、時には生き死ににも関わる重要なものにもなり、憂うつ感や実存的なむなしさを生じさせます（尾崎，1997）。

● 生きる意味への問いの研究 ── 生きる意味への問いは多様な内容をもっている

　亀田（2015）は、人間全般や自分自身が生きていることや生きていくことに対する問いかけを「生きる意味への問い」とよび、下記の3つに分類しています。方法としては、心理学者、哲学者、作家などが青年期に近い時期に生きる意味に関する個人的な体験を記述した文章をもとに、質問項目を作成し、統計的に分類したところ3種類に分類可能でした。「人生の目的への問い」は「私は何を目標に生きていこうか？」といった自分の生きる目的や何に価値があるのかに対する問いです。進路や目標に関する問題と考えられます。「人生の価値の懐疑」は「なぜ苦しくても、私は生き続けなければならないのだろう？」などのように、自分自身または人間全般の生命には価値があるかどうかを疑う問いです。「存在の根拠への問い」は、「私が死んだら、この世は消えてしまうのか、このまま残るのか？」などのように、自分がなぜ存在しているのか、運命、偶然性、生前、死後などの世界がどうなっているのかに対する哲学的な問いです。

それぞれの問いと性格との関連性を調べたところ、「人生の価値の懐疑」は神経症傾向（不安になりやすさ、繊細さなどを示す）や内向性の高さ、「人生の目的への問い」は、神経症傾向が関連し、「存在の根拠への問い」は経験への開放性と関連することがわかりました。つまり、人生の価値を疑う傾向や人生の目的を問う傾向は、心の繊細さが関連し、また存在の根拠への問いは好奇心の高い人が経験するようです。

　それぞれの問いとアイデンティティ（11章3節参照）の感覚との関連性では、「人生の価値の懐疑」や「人生の目的への問い」を経験している人ほどアイデンティティの感覚が低いことから、それらはアイデンティティ形成途中の問いと考えられます。「存在の根拠への問い」はそこまでアイデンティティの感覚との関連は高くありません。

　以上から考えると人生の価値や目的は、繊細な人が問いやすく、根拠は好奇心旺盛な人が問います。また人生の価値や目的はアイデンティティ形成の途上で問われるようです。すなわち、人生の価値や目的のような生きる意味を問うことは人格を発達させるうえで意味があります。ただ存在の根拠のような哲学的な問いはあまりアイデンティティ形成と関連が少ないので性質が違う問いと考えてもよいかもしれません。これは哲学的問題であり、信仰の問題でもあると考えられます。個人の人生を外側から俯瞰した視点からの人生の意味の問題は信仰の領域ですが、その物語を求める人がいます。人はどこからきて、どこへ行くのか？　この人生で何をするべきなのか？　それは、信仰や大きな物語（社会に広く共有されている、こう生きるべきだという物語）が教えてくれますね。

　ここからは、個人的なメッセージですが、世間や親から与えられた価値観は問い直したほうがいいですし、途中どんな価値も信じられない状態になることもあります。ですが、一度問い直して、自分が信じられるものを作ったほうが、納得して人生が生きられます。価値観の再構成や目的の再設定を行っているので、生きる意味への問いを無駄なものだと切り捨てないでほしいです。そして、あまり簡単な答えに飛びつかないでほしいです。生きる意味への問いの答えは人それぞれだから考えなくてもいいとか（人それぞれだけど、個人的な答えはあ

ると思いますよ）、人生は無意味だとか（わからないことと無意味であることは別）即断しないでほしいです。また人生の意味はこれだ！　とか決めつけを押し付けてくる大人にも注意しましょう。騙そうとしている可能性もあります。

　まとめると、生きる意味への問いは、発達的には、自分が生きてきた価値観を問い直し、社会ではなく、自分が何を大切にすべきか、何を目指して生きていけばいいのかを熟慮する絶好の機会を提供してくれる問いです。これは変化のためのチャンスで、問いをなんらかの刺激で紛らわして抑圧したり、世間の価値にそのまま迎合したりするのではなく、自分なりによく考えるのが大切だと思います。考えた末が世間と同じ価値観であったとしても、考えるプロセスの中で、自分が大切にするものがわかってくるはずです。そのとき、自分が親や世間に流されているのではなく、自分で決めた自分の目標を選び取れているのであって、自分が決めた目標だからこそ、踏み出す足に入る力が違うはずです。最後に、フランクルの「人生に意味を問うのではなく、人生に問われている」（フランクル，2002）という視点も参考になるので、知っておくとよいですよ。

2　不安を解消するにはどうすればいいの？

　高校生にとっては、受験、就職などの進路に加えて、対人関係上の問題など、悩みや不安は尽きないものかもしれません。本節では、不安を解消するためにはどうすればいいのか、そもそも不安とは何なのか、について考えていきます。

● 不安の内容
　高校生は、どのような不安を抱えているのでしょうか。以下では、全国の小学生（5～6年生）・中学生・高校生 2000 名以上を対象にした 2014 年度全国家庭児童調査のデータを紹介します（厚生労働省，2014）。まず、何らかの不安・悩みをもっている高校生は、62.3% であり、小学生（43.8%）や中学生（58.5%）

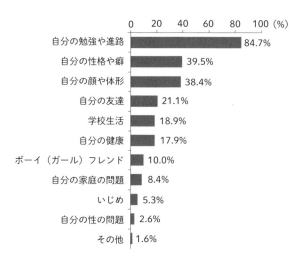

図 22-1　高校生の悩み・不安の内容

よりも高い割合でした。その内訳を示したのが図 22-1 です。不安・悩みについては複数回答可の回答形式であり、ここでは不安・悩みをもっている高校生を 100% とした場合の割合を示しています。一番多い悩み・不安の内容は、自分の勉強や進路についてであり、多くの高校生がこの不安を抱えていることがわかります。それから、自分の性格や癖、自分の顔や体形と続いています。

　この結果を見て、あなたはどう感じるでしょうか。「顔や体形に悩む人がこんなに多いのか」「進路が不安だなんて当り前じゃないか」などと思うかもしれません。私がここで強調したいことは、同じような悩み・不安を抱えている高校生がたくさんいるということです。もしあなたが将来への不安に押しつぶされそうな日々を送っているとしたら、程度の差こそあれ、似たことで悩んでいる人は周りにも多くいるはずです。そのため、そのことを周りの人に相談することは、決して恥ずかしいことではないことを、ぜひ覚えておいてください。

● 他者を介した不安の客観視

　この「周りの人も同じように悩んでいる」という感覚は、共通の人間性とよ

ばれ、**セルフ・コンパッション**（自分への思いやり）の一つの構成要素とされています（Neff, 2003）。この共通の人間性の感覚をもっていると、不安や抑うつなどのネガティブな精神状態が和らぎやすいことがわかっています（MacBeth & Gumley, 2012）。つまり、多くの人と同じような不安を共有しているという事実を意識するだけでも、その不安について客観的に考えることができて、悩みの軽減に役に立つということです。

　不安を客観視するためには、自分一人だけで悩まずに、信頼できる人と話してみるのが効果的なのですが、不安を打ち明けることに抵抗がある場合も多いと思います。そういうときは、あなたの「親友」が、同じようなことで悩んでいたら、どんな言葉をかけてあげるかを考えて、紙に書いてみてください（親友がいない場合は、家族のだれかでもかまいませんし、架空の人物でもかまいません）。これなら、一人でもできます。たとえば、あなたの親友が、受験勉強がうまくいかなくて困っているとしたら、あなたはどのような言葉をかけますか？　「いつもがんばっているからたまには休憩も必要だよ」「私も同じだから大丈夫」「合格できるように一緒にがんばろう」などと、思いやりのあるメッセージを送ってあげるのではないでしょうか。メッセージを送り終わったら、次に、そのメッセージは親友から自分に向けられたものだと仮定して、じっくり読んでみてください。つまり、「自分→親友」のメッセージを、「自分←親友」の方向だと仮定します。すると、不安を抱えているのは自分だけではないように感じ、自分に対して思いやりをもって接することができるはずです。ただたんに、自分自身にやさしくしましょうと言われても難しいところがありますが、このように親友を介したやりとりであれば、そのハードルは下がると思います。

● 時間を介した不安の客観視

　もし、親友などの他者を想像することが難しい場合は、「未来の自分」をターゲットにしてみるのも効果的です。進路への不安をもっている場合であれば、理想的な進路に進んで、いまの不安は完全に解消した姿をイメージしてみ

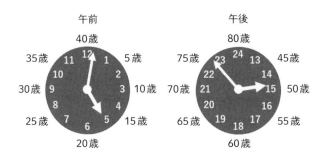

図 22-2　人生（0 〜 80 歳）が 24 時間だったら、いまは何時？

てください。そして、その未来の自分の立場から、いまの自分に向けて思いやりのあるメッセージを書きます。そうすると、いま抱えている不安というものが、一時的なものであり、長い目で見れば解消できることが理解できるのではないでしょうか。未来の自分は、赤の他人ではなく、いまの自分の延長線上にいる存在であるため、よりリアリティがあるかもしれません。これまでの研究でも、未来の自分の立場からメッセージを書くと、不安や鬱々（うつうつ）とした心理状態が解消しやすいことが実証されています（Chishima et al., 2021）。ここで重要なのは、視点を「未来」に移して長い目で見ることで、「現在」をとらえ直すということです。

　次は、この長い目で見る作業を、人の一生まで広げてみましょう。図 22-2 を見てください。左側の時計が午前、右側が午後の時間を表しているので、この二つの時計で 24 時間が測れます。この時計を利用して、人の一生を 24 時間の中に当てはめてみましょう（ここではわかりやすくするように、一生は 80 年としています）。すると、30 歳は 9 時、50 歳は 15 時になります。高校生の時期は、朝の 5 時くらいです。こう考えてみると、あなたの人生は本当にまだ始まったばかりだということが実感できるのではないでしょうか。いま、不安に苦しんでいたとしても、時間が進むにつれて、あなたの不安はきっと解消されていきます。このように、別の視点から物事をとらえる方法は、**認知的再評価**ともよばれていて、有効な不安の対処方法として知られています。

● 不安は解消すべきもの？

そもそも、なぜ不安というネガティブな感情が存在するのでしょうか。なぜ人類の進化の過程で淘汰されなかったのでしょうか。それは、ヒトにとって必要な感情だからです。不安を感じるから、危険を事前に回避できるわけです。たとえば、受験に失敗するのではないかという不安があるからこそ、勉強をがんばろうと思うことができます。ある研究によると、就職活動が簡単にうまくいくという、非現実的なポジティブな未来を想像するよりも、うまくいかないかもしれないと考える方が、対策をしっかりと行い、実際に就職がうまくいくことが示されています（Oettingen & Mayer, 2002）。

以上のことを踏まえると、不安が強すぎて生活に支障をきたしている場合でない限り、無理に解消しようとしなくても問題ないといえます。不安を抱くことは当然であると割り切り、むしろいまを充実させるためのツールとして、不安を利用できるとよいのではないでしょうか。

3　私の悩みって小さなことなの？

いろいろな悩みを大人に相談すると、「なんでそんな小さなことを気にするんだ！」「小さなことでいつまでもグダグダというんじゃない！」「些細なことで悩みすぎだ！」と言われてしまい、相談する気持ちをなくしてしまうという場合があるのではないでしょうか。

● 悩めるようになったという、一つの成長

悩みがあるということは、脳の発達にともない、認知的能力が高まったことによって（6章参照）、とにかく悩めるようになったわけで、発達の段階が一つ上がったことを意味しています。「以前はこんなことに悩まなかった」のではなく、「悩むことができなかった」のです。ひたすら外界に向けられていた視線を、自らの内的世界に向けることができる時期を迎えました。

人間は自分と相手の心がそれぞれ独立したものであり、相手の心に視点を転換させてイメージする能力をもっています。この中心的役割を担っているのが前頭葉であり、人間が進化の過程で特異的に、独自に獲得してきたと考えられています。自分の心と分離させて、他人の心を文脈に応じて推測し、人間独特の愛他的行動もしくは思いやり行動をとることができるのです。しかしながらこれは親子間・家族間でも難しく、異なる地域・文化・習慣・価値観のもとに育った人間同士であればなおさらです。相手の立場にたって、よかれと思って行った行動が裏目に出てしまうこともよくあり、そのたびに悩みます。認知的能力の発達にともない、こうした経験を積み重ねて、徐々に高い精度でイメージすることができるようになっていきます。

● 悩みの内容と悩みへの対応の実態

　内閣府（2019）は満13歳から29歳までの男女を対象として、日本と諸外国の若者の意識に関する調査（平成30年度）を行い、悩みや心配ごとの有無を調べました。現在の悩みや心配ごとの有無を聞いたところ、「心配」と答えた割合が、多かった順に「お金のこと」「自分の将来のこと」「就職のこと」「仕事のこと」「進学のこと」「勉強のこと」「容姿のこと」となっていました。アメリカ、イギリス、ドイツ、フランスといった他の国もこの傾向は似ていますが、韓国や日本に比べるとスウェーデンは「心配」という回答の割合が総じて低いことがわかります。

　また、悩みや心配ごとの相談相手について、複数回答可という条件で聞いたところ、日韓以外の国々では「母」「父」「きょうだい」といった家族の割合が非常に高く、家族の中に相談できる人が複数人いることがわかります。日本では「父」が2割程度なのに対して、他の国々は3〜4割を占めています。また日本では、家族以外の「近所や学校の友だち」に相談する人が3割いる一方で、「だれにも相談しない」という人も2割おり、他の国に比較すると約2倍になっています。つまり日本の場合、とくに父親に相談しにくい状況があり、同世代の友だちに支えてもらえているケースもある一方で、悩みを一人で抱え、

孤立し、だれにも相談できないケースの存在が浮き彫りになっています。

● 自分に対する否定的感情の増加と感情の分化

　自分に対する感情や態度は、思春期・青年期になると身体的発達に加え認知的発達が進み、全体的に不安定で否定的な様相を呈することも多くなります。自分について考えれば考えるほど、つかみどころがなく、何者でもない、あいまいな自分を目の当たりにします。大きな夢を抱きながら、一方で、どうせ自分には無理だという気持ちがぬぐいきれません。親や先生の言うこともよくわかります。ただ、そのレールに乗ってしまうと本来の自分らしさが失われてしまうような気もします。「何かを選ぶ」ということは、「他のものを選ばない」と決断しなければならないわけで、ますます身動きがとれません。これほどまでに優柔不断な自分に、自己嫌悪でいっぱいになります。周りの友だちはみんな、充実した生活を送っているようにみえてしまい、勝手に劣等感を感じ、焦ってしまいます。そういうキラキラした人たちから自分はどうみえているのかも気になって仕方がありません。自己意識過剰です。

　こういった青年期のあらゆる生活感情が、みなさんにとっては「悩み」なのだと思いますが、青年心理学では研究対象になります。もちろん否定的なものばかりでなく、青年が主観的に抱いている生活感情は多彩であり、200近くにのぼるという指摘もあります。実際の研究（落合，1985）では、最近感じている感情名を3つと、それらの説明を記述してもらい、記述頻数をもとに代表的な21種類の生活感情を選択しました。それらの感情を、最近どの程度感じているか調査分析した結果、大きく2つに分類されました。1つは充実感・感動・幸福感・喜び・解放感・期待感といった感情群であり、これらはアイデンティティ（11章3節）確立と関連していることが指摘されています。もう1つは不安感・焦り・劣等感・孤独感・無気力感・いらだたしさ・疲労感・憂うつ感・恐怖感・空虚感・疎外感・あきらめ・倦怠感・自己嫌悪感・嫉妬といった感情群ですが、みなさんのモヤモヤした否定的感情もこのような言葉を用いて言語化し相談してみてはいかがでしょうか。

「だれにも相談しない」というケースの中には、相談したくても、自分のモヤモヤをうまく言語化することができずに自分の中にため込んだ結果、未分化なコントロールできない怒りとして行動化してしまう場合があります。自分の気持ちを伝え、それが理解され、共感してもらえることで肩の荷が軽くなるかもしれません。

● 歴史上の偉大な人物の悩み

　みなさんは歴史上の人物の伝記を読んだことがあるでしょうか。小学校の図書館にあるような、わかりやすくデフォルメされた偉人伝ではなく、史実に基づく詳細な伝記です。すでに亡くなっており、自分の好きな人物や興味のある人物、欲をいえば晩年まで生き抜いた人であればだれでもかまいません。ぜひ伝記を読んでみてください。伝記を読むと、人間の一生を追体験することができます。せっかくなので生まれてから老年期まで追体験してみましょう。歴史上の偉大な人物ですから、自分とはまったく違って共感なんてできるところはないだろうと思うかもしれません。しかし青年期の生活感情は、驚くほど共通しています。世界中で有名な功績を残した人が、青年期に自分と同じような悩みを抱えていたなんて勇気づけられますよね。なかなか他の人に相談できない人も、歴史上の人物が、あなたの悩みにそっと寄り添ってくれるはずです。

『夜と霧 新版』

ヴィクトール・E・フランクル 著　みすず書房　2002 年

　精神科医フランクルが強制収容所体験で得た人間の精神的自由の重要さを書き記した名著。「人生に何も期待できない」という極限状況で生き延びる方法とは？「人生に意味を問うのではなく、あなたが人生に問われている。かけがえのない他者や仕事からの呼びかけに応答し、目前に与えられた責務を全うすればいい」と、この本は視点を転換してくれます。生きる意味を考える人必読の書。

『自分を思いやるレッスン
── マインドフル・セルフ・コンパッション入門』

岸本早苗著　大和書房　2021 年

　この本は、セルフ・コンパッション（自分への思いやり）を学ぶための入門書です。セルフ・コンパッションの理論的な内容だけでなく、自分でできるワークも豊富に含まれていて、体験しながら学ぶことができます。特に、自分を非難する内なる声にどう対処するべきか、具体的な方法を実践することができます。最近の研究知見についても触れられていて、臨床心理学の学びにも役立ちます。

『偉い人とはどういう人か ──「人生の選択」のために』

西平直喜著　北大路書房　2004 年

　あなたの尊敬する人はだれですか？　どういう人を尊敬するか、「偉い人」として選ぶかによって生き方が違います。歴史上の人物の伝記資料に基づいて人格形成の一般法則を探る伝記研究の第一人者が、伝記研究の成果をまとめ、人格の成熟や人間の生き方について論じている本です。「人生の選択」に悩んでいる人におすすめの、膨大な伝記資料に基づいた人間理解のための一冊です。

第**23**章

いじめには
どう立ち向かえばいいの？
攻撃性と対人関係の心理学

1　なぜいじめは起きるの？

● 「いじめ」とはどのようなものを指すのか

　いじめは決して許されない行為です。いまも苦しんでいる人がいるでしょう。この章ではいじめの問題をどのように理解し、予防や抑止ができるかを考えます。ただそのためには、「どういう行為をいじめとよぶか」という定義をふまえる必要があります。とくにいじめ問題は、いじりやからかい、ふざけとの境界が曖昧で、何がいじめとみなせるのかという認定がまず難しいのです。

　現在の定義は、2013（平成25）年に施行された「いじめ防止対策推進法」で規定されたもので、「当該児童等と一定の人的関係にある他の児童等が行う心理的又は物理的な影響を与える行為（インターネットを通じて行われるものを含む。）であって、当該行為の対象となった児童等が心身の苦痛を感じているもの」というものです。重要なのは（被害者が）「心身の苦痛を感じる行為」という箇所で、つまり当事者が苦しいと思えば、それはいじめと認定されるべきもの、ということです。

この定義は、加害者側にいじめたという自覚がない場合でも、「いじめ」と みなされうることを意味します。みなさんも友だちと話しているうちに、だれ かのことをおもしろおかしく噂したり、揶揄（からかい）をしたりすることが あると思いますが、その対象となった人が嫌な思いをすれば、それはいじめと みなされます。いじめとはこのように、加害者側と被害者側で見え方が大きく 異なること、そしていじめかどうかは、被害者側の感じ方に重点を置いて認定 されることに注意しなければなりません。

● なぜいじめが起こり、なくならないか

　いじめの中心的な加害者は、していることはたしかに悪いですが、その行為 の背景を探ると、その本人の人柄や規範意識に問題があるというより、周囲の 環境からの影響や、思春期・青年期の特性に由来しているとの指摘がいくつか なされています。ここではそれを見ていきましょう。

　第一の指摘は、家庭の不和や友だち関係のストレスに由来するというもので す。たとえば親やきょうだいから攻撃的な言動を日々浴びせられていると、欲 求不満を解消する方法としてそのような行動を身につけていき、自分の思いが 通らなかったり、イラつく対象を見つけたりすると、同じように攻撃的な言動 で応じてしまいます。このように行動を他者から身につけることを**モデリング** といいます。あるいはそういう環境に育っていなくても、そもそも人の習性と して、欲求不満が高まると攻撃的な言動を発するといわれます。それもまた、 その人をとりまく環境に欲求不満の原因があったからといえますし、また怒 り・不安・抑うつといった感情が起こりやすいという思春期ならではの特性 （6章参照）も関係しています。

　第二の指摘は、周りから承認や賞賛を得るためにだれかを批判してみせたり、 あるいは特定の子を自分たちとは違うと強調することで、自分たちは仲間であ るというつながりをつくる、というものです。心理学ではこれを、特定の子を 異端視するという意味で**黒い羊効果**とよんでいて、大人にもみられますが、ア イデンティティが揺らいでいる思春期・青年期（11章3節参照）では、他者か

らの支持を得ようとする傾向が強く、そのぶん、こうした行動が多くみられるのです。だれかから「自分もそう思う」と言ってもらえたり、一緒に笑ってもらったりできれば、「自分はこれでいいんだ」「他の人とつながれた」という気持ちになれるからです。こうしたタイプのいじめは、いじめをすることが目的ではなく、周りとのつながりを得たり自分のあり方に自信をもつ手段になっていることがポイントです。つまり、他の手段で目的が達成されるならばいじめ行為には及ばないし、いじめ行為自体をしたくてしているわけではない、ということです。またこのことは、常識的には大切なもの・望ましいこととされている「つながり」とか「団結」ということも、だれかを排斥したり、攻撃したりするきっかけとなることを意味します。

　第三の指摘は、被害者を攻撃したり差別することで、自分は上の立場であることを感じるという**社会的比較**によるものです。人は一般に、自己評価を高めたい、維持したいという**自己高揚欲求**がありますが、思春期・青年期の年代ではそれが叶うだけの実績があげられないことから、自分よりも下の存在であると感じられる他者をつくることで、自己評価を高めたり維持したりするのです。これも、手段としていじめ行為を行う点で共通しています。

　第四の指摘として、他の人との人間関係上のものがあります。この説明のために、森田洋司による**「いじめの四層構造」**（森田，2010）を紹介します。それは加害者と被害者の他に、観衆（はやしたてる者）と傍観者（見て見ぬふりをする者）の四者から集団が構成されるというものです。この四層のそれぞれは、いじめが継続し、なくなりにくい方向の作用を互いに与えあっています。すなわち、加害者は観衆や傍観者の人たちが自分のいじめ行為に異を唱えないことで、自分の行為が支持・承認されているととらえ、その行為を続けたりエスカレートさせたりします。観衆や傍観者は、被害者に味方することで加害者や他の人から異分子扱いされることを恐れ、加害者の意向に沿うことで集団に波風が立たないようにします。被害者は、加害者だけでなく観衆や傍観者の中から自分に味方をしてくれる人が現れないことに絶望して、加害者に反撃することをあきらめてしまいます。加害者は、被害者からも反撃されず、周囲からも異

を唱える人が出ない、あるいは観衆が同調してくれるということで、ますます自分の行為は正当だと感じて、いじめをやめようとしないのです。

　第四の指摘からわかるように、いじめに関わるどの立場の人も、他の人がどう思うか、どう反応しているかを見て、自分の行動を決めています。そこには自分がどうしたいかより、他者がどのように反応したか（してくれそうか）という観察・推測に基づいた判断があります。あるケースでは、加害者自身がいじめをやめたいと思っていても、これまで首謀者であった自分にみんなが従ってきている手前、いまさらやめられないと悩んでいました。つまり、いじめの加害に関わる全員が「こんなこと、もうやめたい」と思っている可能性すらあるのです。中井久夫は、加害者ですら「最初から最後まで世論を気にしている」と指摘しています（中井，1997）。人は他者の承認やつながりがないとたちまち自信を失う弱い存在であり、それは思春期・青年期にある中学生や高校生では、なおのことその傾向が強くあるのです。

2　いじめられている私はどうすればいいの？

● 思春期・青年期にいじめられることはなおつらい

　いじめられているあなたは、毎日がつらいですよね。学校に行きたくなくなる気持ちもとてもよくわかります。周りの人がだれも、仲裁どころか支えてもくれないと、なおのことつらいものです。また同年代の知人が自分に対して示す反応や評価に、中学生や高校生の時期はとても敏感です。それはここまでの章で述べてきたように、アイデンティティ（11章3節）が未確立で、自分のありように自信をもちにくい思春期・青年期にいるためです。

　しかし、断言します。あなたの周りの人の中には、あなたの様子を気の毒に思ってくれている人はきっといます。前の節で述べた「傍観者」の人たちは、いじめ行為はよくない、できればなくなってほしい、被害者であるあなたはとても気の毒だと思っているからこそ、積極的にいじめに加担しないのです。仲裁

に入らなかったりあなたに声をかけられないのは、加害者や周りの人の目が怖いからなのです。また「観衆」の人たちにしても、自分はいじめられたくないという保身の気持ちと、そうすることで自分は多数派に所属しているという安心感を捨てられなくて、いじめに加担している可能性が高いのです。つまりあなたを支えてくれない人の多くは、あなたを排斥したいとか憎いなどとは思っていないということを強く心に留めてください。このことは、これまで観衆や傍観者の立場にいた経験がある人にはわかってもらえると思います。あなたを責めたい、苦しめたいと思っている人は、仮にいたとしてもごくごく少数派なのです。

● いじめられて苦しいときにあなたができること

　ですのでお願いです。いじめられている学校生活に絶望して、自ら命を絶つことはやめてください。一日ですら長く感じるのに、卒業までこれが続くのかと思うかもしれませんが、その苦しみを断ち切る方法は複数あります。またそれがうまくいかないとしても、必ず終わりは来ます。死なないでよかったと思う日がきっと来ます。上で述べたように、級友の多くはあなたをできれば支えたい、いじめをしたくないと思っています。もし学級内でつながれる人を探すのが無理なら、他クラス、あるいは部活や係活動、同じ通学区域など、別の集団の中から探しましょう。

　いじめている人に反撃する方法はあるでしょうか。前の節でみたように、いじめが起きている集団は、加害者だけでなく観衆や傍観者の人たちが、互いにいじめがなくなりにくい方向に影響を与えあっていて、悪循環のようになっています。臨床心理学ではこのような循環関係にある集団をシステムとよんでいます。システムは、何かの契機で潮目が変わることがあります。たとえばある日を境に加害者の人が今度はみんなから無視されるなどです。加害者も他の人から支持されてこそいじめ行為を続けられています（本章1節参照）ので、何らかの"潮目の変化"があれば、あなたへのいじめはやむでしょう。ですが一つ間違えば加害者だった子へのいじめとなってしまいます。なぜならば被害者

側が心身の苦痛を感じる行為がいじめと定義されているからです。そう考えると、加害者の子に思い知らせる、黙らせるという反撃を、あなた自身がすることは難しいことがわかります。

　ですからいじめを止めるのは先生などの大人の力を借りるのがよいということになります。現在、みなさんは1節で紹介した「いじめ防止対策推進法」に守られています。この法律は、いじめがあると大人が把握した場合、学校や、その学校が立地する自治体（市町村）は、それを放っておかない義務がある、と定めています。だから早いうちに、先生やスクールカウンセラーに相談をしてみましょう。先生や親に自分がいじめられていると知られることは恥ずかしかったりみっともない、心配をかけるからとためらうかもしれませんが、時間が経つほど事態が悪化しかねませんから、できるだけ早く、勇気をもって大人に打ち明けてください。とくにひどいいじめの場合、この法律でいう「重大事態」と認定されて、本格的な調査が行われ、それに応じて対策が講じられます。場合によっては警察も関わります。いじめている人たちが想像しているよりも、はるかに厳しい対応が、現在では行われるようになっています。また法務局や厚生労働省、文部科学省などでは無料の電話相談やLINEによる相談の窓口を設けています。

　またそれとは別に、どうしても打開できない、耐えられないと思う状況が続くならば、「逃げる」という道も選ぶことができます。すなわち、いまいる高校をやめて、別の高校に編入することです。編入するにはハードルが高い学校もありますが、単位制高校や定時制高校もあります（17章3節参照）。また高等学校卒業程度認定試験に合格すれば、高卒を条件にする進学先（大学を含む）や就職先にも、進むことができます。そこには新しい人間関係があり、一からそれを構築することができます。

　気をつけてほしいこととして、「自分は他の人から受け入れられない性格だから、どこにいってもうまくいかないのではないか」などと考えないことです。いじめの被害者の人は、ほとんどの場合、たまたまターゲットになってしまっただけであり、進学や就職では環境が変わりますから、悲観しないでください。

もしあなたの性格に何か問題があったとしても、それが必然的にいじめを呼び起こすものではありません。相性が合う人がいずれ現れるかもしれませんし、12章1節で述べた通り、性格は変わっていくものです。いろいろな人から刺激を受けたりアドバイスをもらう中で、性格の問題は改善していくことができます。安心してください。

　心理学とは関係ありませんが、中島みゆきさんがつくった「宙船」という楽曲の歌詞に次のような一節があります。

　　その船を漕いでゆけ　おまえの手で漕いでゆけ
　　おまえが消えて喜ぶ者におまえのオールを任せるな

　自分自身を人生という船を漕いでいる船頭にたとえてみてください。いじめられている人にとっては、今は雨や嵐が台風のように荒れ狂っている海を漕いでいるように感じるでしょうが、決してそのオール（水を漕ぐ櫂）を手放さないでほしいのです。16章3節で紹介した「主体性」は、こうした局面でも求められます。なお、上に述べた「逃げる」という道も、あなたの主体性を発揮した判断ですから、「オール」はまだあなたの手にあります。そういう道も含めて、要するにあなたがあなたらしく、日々の心の健康を守って生きていく道を模索してください。

3　いじめに屈しない対人関係のもち方とは？

　ここでは、この章のまとめとして、いじめに屈しない考え方や、いじめが起きにくい対人関係のもち方を考えてみましょう。

● **他者の行動をかんたんに心に結びつけないこと**
　あなたを攻撃する人は攻撃的な、または意地悪な性格の人だ、と感じません

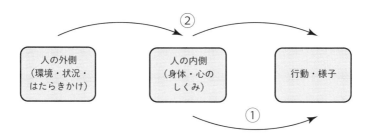

図 23-1　行動を説明する心理学の枠組み

か？　また孤立するあなたを守ってくれない級友はあなたを嫌っている、と
思っていませんか？　私たちは、このように他者の「行動」から、その人の
「心」を推測しています。それは、行動をそのときだけのものではなく、性格
や好き嫌いといった、ある程度変わりにくい心の傾向として理解することで、
「今後はあの人にこう接したほうがいい」という作戦が立つからです。心理学
の考え方の枠組みを示した図 23-1 でいえば①の、行動の原因をその人の内側
（心や身体のしくみ）にあるとする考え方です。

　ですがいじめ行為や見て見ぬふりの行動は、周囲の人との関係やその場の状
況によって生じます（本章 1 節参照）。人はその習性から、つい①のように相手
の心のせいにしがちですが、実際は②のように、その人の外側の状況のせいと
考えたほうが妥当です。またあなたにつらくあたってくる人や助けてくれない
人も、あなたを嫌っている心があるせいではないと考えられれば、気が楽にな
るでしょう。20 章 2 節でも説明したように、「行動と心は別のもの」なので、
安易に結びつけないことです。

● あなたの考えや感じ方が「正解」とは限らない

　いじめ行為が、相手の言動に対する違和感や怒りが発端となる場合がありま
す。「〇〇したことが許せない」という気持ちが高まることは、人間ですから
ありうることです。前述の通り、他者の行動への評価はたやすく相手の心への
評価になりがちですから、「〇〇をするやつなんて許せない」というように、

相手の人柄に対する攻撃にまで発展してしまいます。

　ですがそこでいったん、ふみとどまってほしいのです。「許せない」のはなぜなのか。多くの場合、「私だったらそういうことはしない」という自分がもつ基準との比較です。ですがそれを言うなら、相手にとっても同じです。つまり「私だったらそうしてもいいと思う」という相手の基準からみると、あなたの基準とはズレていて、いわば「お互いさま」なのです。ましてや親や教師といった子どもを教育する役割でない人が、人柄にまで口を出すことは、“越権”と言わざるをえません。

　このような「私だったら」という基準は、法律などで定められていないかぎり、どれが正しいということはありません。なかには「だってみんなもそう言っているから私の考えのほうが正しい」と主張する人もいますが、いくら多数派の人が言っていても正しいとは限りません。たとえば戦時中の日本では大多数の人が「戦争するのが正しい」と言っていた（「思っていた」ではないことに注意してください）ことがその例です。ブルーナー（1956/1969）という心理学者も「みんながそう言うから」とか「私にはそう思えたから」というのは科学的な判断ではないと言っています。

● ときには反対意見も言ってみよう

　相手の言動に対して違和感や怒りをもった場合、なぜそれを相手に伝えてわかりあおうとしないのでしょうか。なぜ「あの人が許せない」となってしまって、いじめ行為に発展してしまうのでしょうか。一つは、そこまでしてその人とわかりあおうと思わないから（なぜなら許せない相手だから）なのでしょう。しかしそれ以外に、「行動」が「心」への評価にスライドして、「わかりあえる相手とは思えない」と考えていること、そして「あいつは許せないよなあ」「うん、そうそう」というやりとりで他の人とつながることができて、その心地よさがあるからなのでしょう。

　このように、わかりあえそうにないと思える他者を遠ざけることは、大人でもありうる処世術です。ですがそれは人間関係を狭めることですから、社会へ

の視野を広げてほしい年代のみなさんたちにはよいことばかりではありません。そもそもあなたに同意してくれる人も、行動と心は別物ですから、心の中でも同意しているかは疑問です。ですから、小さなことからでもかまいませんから、相手と異なる意見をもっているなら「私だったらこうするんだけど。だってさ……」と伝えてみてください。そうすることで、「なぜ私の見方のほうが正しいと言えるか」と考えるので、人生に対する考えを深めるよい機会になります。その過程で論理的な思考力も磨かれます。相手に意見を伝えてみると、あなたが想像もつかなかったその人の事情や、いままで触れたことがない考え方に出会うかもしれません。もう少しで相手を攻撃するところだった関係を、お互いわかりあえる関係へと構築していけたら、あなたにとってもとてもよい経験になります。

● 可能なかぎり、広く平等につきあうこと

　上で述べたように、人間関係を狭めていくことは、あなたにとってもよくないことです。いじめられている人がいても、朝夕のあいさつくらいはしてみてください。いじめられている人にとっては、それだけでも救われた気持ちになれますし、あなたが困っているときにも手を差し伸べてくれるでしょう。

　女子の人間関係ではグループ関係が強固になりがちですが、それはすなわち、いつ友だちが友だちでなくなるかという疑心暗鬼の裏返しともいえます。そういう雰囲気の中で毎日を送るのはつらいでしょうから、いろいろな人に対して、できる範囲で平等に交わってみましょう。あいさつをするだけでもよいですし、たわいない世間話をするだけでもいいのです。それができるあなたを素敵だなあ、頼りになるなあと思ってくれる人もいるものですよ。またそういう**ソーシャル・スキル**（対人技能）を身につけておくと、どんな環境に行っても役に立ちます。なぜなら、新しい環境や難しい環境で困ったり戸惑ったりしているときにも、臆せず質問できたり援助を頼めたりできるからです。このスキルは、学校への適応とも関係することがわかっています。難しいかもしれませんが、そのスキルを身につける過程でも、あなた自身もとても成長することができます。

『いじめのある世界に生きる君たちへ
── いじめられっ子だった精神科医の贈る言葉』

中井久夫著　中央公論新社　2016 年

　この章でも引用した「いじめの政治学」という文章を、みなさんにもわかるように著者自身が平易に書き直した部分を中心とした書籍です。著者自身のいじめられ経験と精神科医の専門性が土台となっていて、しかもわかりやすいのでおすすめです。ふざけやいじりとの区別についても、「立場の入れ替えが（でき）なければ間違いなく、いじめです」と明快に、そして重要なことを指摘しています。

『いじめから脱出しよう！ ── 自分を守る方法 12 カ月分』

玉聞伸啓著　小学館　2017 年

　クラス替えや入学後の不安な 4 月から 3 月まで月ごとに、中高生がいじめにあわない、またはいじめから抜け出すためにできることを、具体的に提言しています。「自分をまもる方法」やいじめの相談への答などが書かれてあって、役に立ちます。絶版だそうですが同じ著者による『いじめと戦おう！』（小学館，2011 年）も図書館などで借りられればあわせて読んでみると、いろいろ作戦も立つはずです。また訳本ですが『きみにもある いじめをとめる力』（大月書店，2013 年）にはいじめてくる相手にどう返せば相手がひるむかという具体的な話し方が多く書かれてあり、やはり参考になります。

『「空気」を読んでも従わない
── 生き苦しさからラクになる』

鴻上尚史著　岩波書店　2019 年

　多くの人は嫌だなと思っていても、いじめている子の指示に従ってしまいます。実際に暴力を振るわれなくても「空気を読んで」従ってしまいます。著者はそうした息苦しさが、「世間」という、今後も関係が続いていく人たちの集団に過度に配慮したためであると論じています。そしてそれが形を変えて、日本人を支配しているのが「空気」です。この本ではその「世間」「空気」の実像を読み解いて、それらにどのように対抗していくかが書いてあります。いじめにどう対抗するかにも、とても参考になります。

おわりに

第24章

大学で心理学を
学んでみたいと思った
あなたに

　心理学にはさまざまな分野があります。ここから始めましょう。

　代表的なものに「臨床心理学」「教育心理学」「発達心理学」「人格心理学」「社会心理学」「学習心理学」「実験心理学」「認知心理学」「心理統計」などがありますが、学部や教員の専門性によっては「学校心理学」「家族心理学」「産業心理学」「スポーツ心理学」「言語心理学」「犯罪心理学」などの名称をつけて、特化した専門性を示すこともあります。

　本書のテーマである「青年心理学」は、それ自体一つの心理学として扱われることもあれば、「発達心理学」が扱う乳幼児期、児童期、青年期、成人期、老年期の中の一発達期として扱われることもあります。

　心理学は、多くの大学の教養共通教育科目として提供されている一般的な学問です。総合系や人間科学系などの学部であれば、専門科目の中に「○○心理学」や「△△の心理」といった授業科目もいくつか提供されています。将来の仕事に関連させるわけではないけれども「心理学を学んでみたい」と思う読者は、受験したいと思う大学・学部のカリキュラムや教員一覧をウェブサイトで調べて、心理系の授業科目がどのように提供されているかを見てみるといいでしょう。

本章では、大学でただ心理学を学びたいというのではなく、それを多少なりとも将来の仕事に活かして大学の「学部選び」（学科、コースを含む、以下同様）をしたいという人にお話ししていきます。

1　将来の仕事を考えて学部選びを行う

冒頭でさまざまな心理学の分野をご紹介したように、「心理学を学ぶ」と一言で言ってもその中身はかなり多様です。それゆえ、将来の仕事への活かし方もかなり多様となります。大学3年生後半になって始まる就職活動で、自分のいる学部では希望する職には就けないということがないようにしてください。

● 公認心理師になるために

心理学は、まず国家資格があり職業に直結する学問です。今日、心理学の国家資格に「公認心理師」があります（詳細は第5章参照）。公認心理師は、医療機関や学校等でカウンセリング・心理相談に専門家として従事することが多いですが、学校や職場等でメンタルヘルスの指導や助言等に従事することもあります。公認心理師になるには、それを養成する指定を受けた大学の心理系学部を卒業する必要があります。そして、心理系大学院で2年学んだ後、あるいは実務経験を2〜3年以上経た後、国家試験を受験することができます。医師や看護師になりたいなら医療系学部を受験するのと同じで、将来公認心理師になりたいなら、その養成を指定された大学の心理系学部を受験することです。

● 心理学を学んで就く専門職

昔から、児童相談所の相談員（地方公務員）や家庭裁判所調査官（国家公務員）は、心理学を学んだ人が就く心理職としてよく知られています。公認心理師の資格は必ずしも必要ありませんが、大学の心理系学部で学んでおくことは必要とされています。公務員試験に合格して就ける職です。

心理職ではありませんが、初等・中等教育の学校教員になるために、あるいは特別支援の教員や支援者になるために、教育心理学、発達心理学、学習心理学などの心理系科目を必修で学ぶということもあります。児童・生徒、特別支援が必要な子どもたちの学習やさまざまな教育活動を支援するのに、心理学を学ぶことが必要であると考えられています。

　また、医師や看護師、理学療法士などの医療系学部のカリキュラムの中にも心理学が多く提供されています。医療系従事者は、医療系の専門的知識だけでなく、患者の心理やコミュニケーションなどの心理学の知識も身につけておくべきだと考えられています。このように心理学は、心理学以外の専門職を支える学問ともなっています。

● **教育産業や総合研究所の仕事で活かす**

　心理学を学んだ人の中には、テスト（模試や能力テストなど）や学習アプリなどの支援や販売をする教育産業の企業に就職する人も多くいます。また心理系学部では、心理統計や心理テストについて体系立てて学ぶため、そのような教育産業の企業でデータ分析に携わるデータアナリストとして重宝がられることもあります。図 24-1 は、劣等感とストレスへの対応ができる人は自尊感情が高いことを明らかにした図です。

　総合研究所をもっている大きな企業では、さまざまなテーマで人々のアンケート意識調査を行い、データ分析やレポート作成を行うことが多くあります。そこでも心理学を学んだ人が多く雇われています。一見心理学に関係がないように見えますが、アンケート調査やデータ分析は、心理学を学んだ人が身につけるリテラシー（技能）の一つでもあります。

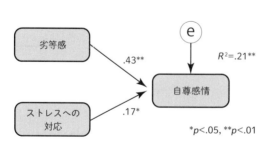

図 24-1　心理学研究のデータ分析のイメージ

2 総合系・人間科学系などの学部で学際的に心理学を学ぶ

　近年心理学は、他の専門分野の研究者や実践家との共同研究・実践の中で発展しています。別の言い方をすると、心理学を専門としない場合でも、心理学の知識が必要とされる範囲が拡がっているということでもあります。やや応用編ですが、このような考え方もあるということでご紹介しておきます。

　よく知られる取り組みやテーマとして、人文社会系ではキャリアコンサルティングやコーチング（関連する心理学として臨床心理学や発達心理学など）、医療系では脳機能イメージング（fMRI などの装置を使って、脳内の神経活動を可視化）を用いた脳科学（社会心理学や発達心理学など）、高齢者のエイジングや認知症・そのリスク予防（発達心理学や臨床心理学、家族心理学など）、情報・工学系では認知科学やロボティックス、人工知能（認知心理学、知覚心理学、社会心理学など）があります。これらを含め、これから新しく出てくる最先端の仕事に就くうえで、心理学を幅広く学んでおくことが強みとなるでしょう。

　これらの専門分野・テーマにおいて心理学は「従」の位置づけですので、学部はキャリア系、医療系、情報・工学系などの「主」となる専門学部から選ぶこととなります。これらの専門学部すべてで心理学に関連させたカリキュラムが提供されているとは限らないので、受験する学部のカリキュラムの中に心理系科目があるかをウェブサイトで調べてください。

3 注意点 ── 学科名は同じでも多様な心理学科

● 教員の専門性に影響される心理学カリキュラム

　公認心理師を養成する心理学科（あるいは〇〇心理学科・コース等、以下「心理学科」とする）は、どのような心理学の内容を授業科目として提供しなければれ

ばならないかを国から細かく指定されています。なお、数は少ないですが、心理学を中心に学ぶ「心理学部」があります。それはここでは横に置きましょう。一般的に、心理学部ではさまざまな分野の心理学を提供するように考えられており、心理学の多様性がカリキュラムとして実現しているからです。

　ここで押さえておきたいのは、それ以外の文学部や教育学部等の中に「心理学科」が設置されている場合についてです。問題は、同じ「心理学科」という名称でも、そこに所属する心理学教員の専門分野（たとえば教育心理学なのか発達心理学なのか、社会心理学なのかなど）によって、提供される心理学の授業科目が異なることです。この問題に対処するには、受験しようとする心理学科に所属する教員の専門分野や、カリキュラムでどのような心理系の授業科目が提供されているかを調べることです。心理学科と名称がついていれば、自分が期待する心理系科目が必ず提供されていると思わないことです。

● 大きな箱としての学部の内容まで考えよう

　もう一つの問題は、心理学科がどの学部の中にあるかということです。たとえば文学部の心理学科の場合、大きな箱は文学ですから、学生は心理学以外に文学や歴史、哲学、社会学なども一定程度学ぶ必要があります。そのうえで、メインの心理学の学習です。また、教育学部の心理学科の場合、大きな箱は教育学ですから、学生は心理学以外に教育学や教育方法学、教育行政学なども学ぶ必要があります。このように、学科の上にある学部が何であるかは、心理学以外のどのような科目を学ぶかという点で重要な情報となります。

　しかもそのうえで、そのメインの心理学の学習内容も、先にお話ししたように、所属する心理学教員の専門性によって異なることが多いですから、受験する学部がどのような心理系の授業科目を提供しているか、大きな箱としての学部で他にどのような専門の内容を学習する必要があるかを調べて受験することが望ましいでしょう。

4　心理学を学ぶには数学が必要

　昔から心理学を学びたいと思う高校生、あるいは心理系学部に入学して心理学を学ぶ大学生をある種苦しめてきた1つの現実があります。それは、心理学を学ぶのに数学が必要だということです。

　多くの大学の心理学カリキュラムの中に「心理統計」に関する科目が必修科目としてあります。それは心理学では、心理実験やアンケート調査などによってデータを収集し、それを分析する技能を身につけることが求められるからです。カウンセラー（公認心理師）や心理検査士（日本教育評価研究会が認定する資格）が、カウンセリング等の現場で教育・心理検査を実施し、それを分析するための知識・技能が求められるということもあります。そうしたデータ分析の知識や技能を学ぶ科目こそが心理統計に関する科目です。

　将来看護師や理学療法士になろうと思い医療系学部に進学する学生の中には、高校時代に理科や数学が苦手だったという人が多くいます。たとえ入学選抜で理科や数学の受験科目がなかったとしても、入学した後の授業科目には、人の身体のしくみ、臓器や神経、内科・外科の基礎医学など、高校でいえば物理や生物、数学が密接に関連しています。しかし、看護師や理学療法士になりたい人は、苦手な科目でもがんばって勉強します。

　心理学においても同じことがいえます。得意でも苦手でも、将来に必要であるとされるならがんばって勉強するしかありません。数学が得意だという人は、世の中で決して多いわけではありません。満点取れという話ではなく、60点か70点取れればいいくらいのイメージで、これまで多くの人が乗り越えてきましたので、みなさんもがんばってください。

第25章

若者の心理の研究を
仕事にしてみたいあなたに

　ここまで、若者の心理を対象とした研究にはどんなものがあるのか、その知見がどのように活かされているかを紹介してきました。こんな研究おもしろいな、自分もやってみたいな、と思ってくださった方がいればたいへん光栄です。そこで最後に、「若者の心理を研究する仕事」についてご紹介します。

1 「青年を／青年期を研究する」ということ

　若者を対象とした研究を主に行う学問分野は、「青年心理学」とよばれます。他にも、人間の生涯発達全体を扱う「生涯発達心理学」の中での青年期という視点を強調して研究が行われることもあります。これらの学問領域では、人間の一生涯にわたる発達的変化の中で、青年期が人生の重心ともいうべき重要な時期だととらえ、多岐にわたるテーマで研究が行われています。これらの研究知見は青年期をいま生きている青年自身にとって、発達的なプロセスの中で自己を理解することにつながります。たとえば、友人の前ではいつも求められるキャラを演じて疲れてしまったり、友人と親しくなりたいけれど近づきすぎて相手を傷つけたり逆にふみ込まれて自分が傷ついたりするようなことは嫌だと

思ったり——こんな友人関係に関する悩みは、みなさんにとってとても身近で、かつ場合によってはとても深刻な悩みなのではないでしょうか。なぜこんなふうに感じるのか（心理的メカニズム）、それは青年の多くが抱える悩みなのか（青年期心性なのか個別性の問題なのか）、を明らかにするような研究知見は、青年が自ら悩みを解決したり対処したりするヒントになるはずです。

　一方で、青年に関わる人々（教師、親、支援職など）にとっても、青年心理学の研究知見は、青年を理解し、関わり方を考えるのに役立ちます。人の心は外側から観察しているだけではわからないことのほうが多いものです。ましてや、大人たちにとってみれば世代も違い、自分たちが若かったころとはとりまく環境も違うわけです。それぞれの人の経験値だけで「いまの若い子は……」とレッテルを貼るのではなく、青年自身が何を考え、感じているのかを伝えてくれる研究知見は、より正確に、深く青年を理解するのに非常に有用なのです。

　心理学の研究のおもしろさは、研究者自身の経験や他者との関わりの中で得た着想を、理論的に検討を重ねて仮説を組み立て、データをもとに検証していくところにあります。仮説の段階までは、自分の頭の中だけで繰り広げられていたことを、実際に対象者の協力を得てデータをとり「確かめる」ことができるというのは、心理学の醍醐味だといえるでしょう。仮説が合っていたにしても間違っていたにしても、データがあなたにそれを教えてくれます。なかでも青年期研究は、その多くが青年自身の「生の声」から始まります。そして得られた研究成果は青年自身に還元される、これほどのおもしろさややりがいはなかなかありません。

　もしもあなたが大学で青年心理学に関する研究テーマで卒業論文を書くのだとしたら、自分自身の経験や、理論的な興味をもとにして、質問紙を使って調査をしたり、面接調査を行ったりして、データを分析することのおもしろさや難しさにきっと触れることでしょう。テーマを探究する中で感じる「わくわく感」は、向学心につながります。これは、研究者の仕事をしていくうえでもっとも大切なことなのです。

2　大学院へ進学して研究者としてのスタートを切る

　青年心理学の研究者になるためには、まず心理学を専門的に学べる学部・学科をもつ大学に入り、青年心理学をはじめとする心理学を広く学びましょう。心理学はその対象によって専門分野に分かれています。大学の学部教育における大まかな分類でいうと、発達心理学のほか、教育心理学、社会心理学、臨床心理学になります。青年期の心理を学ぶためには、「青年心理学」がもっとも直接的な科目になりますが、カリキュラムに組み込んでいる大学・学部ばかりではありません。しかし、青年期の認知発達、仲間関係や社会との関わり、青年期臨床など、分野をまたいで青年期の問題に焦点をあてた研究はなされていますから、学部の段階ではさまざまな分野を広く学んで、心理学の基礎的な知識や方法論を身につけておきましょう。大学4年生になると、多くの大学で卒業論文の執筆が卒業要件になってきます。このとき、青年の心理を対象としたテーマで研究を行いたければ、この分野で指導が可能な教員のゼミに所属することで、専門的な指導を受けられるようになります。

　大学卒業の段階で多くの学生が社会人として就職していきますが、研究者になるには大学院に進学して、より高度な専門教育を受ける必要があります。ここでようやく、自分自身の研究テーマや領域での本格的な研究活動をスタートさせることになるのです。多くの大学院は修士課程（前期課程2年）と博士課程（後期課程3年）に分かれていて、研究者になるには博士課程の修了が必須になってきています。指導教員との関わりは非常に長く、そして深いものになりますから、研究テーマだけでなく、指導方針やゼミの雰囲気なども考慮に入れて進学先を検討します。学部時代に卒論指導を受けた先生に大学院でも引き続き指導を受ける人もいますが、所属大学・学部に修士・博士課程の大学院が設置されていない場合や、研究テーマによっては、他大学の大学院へ進学する人もいます。修士課程への進学を考える場合は、学部の3年生のころには選択

肢となる大学院や大学教員についての情報を集め、4年生での受験の準備を始めてください。

　大学院では、修士課程、博士課程のそれぞれで論文を提出し、学位を取得します。修士論文や博士論文では高度な専門性が求められるために、研究テーマの独自性だけでなく分析手続きの妥当性や研究成果についても、それぞれの学位にふさわしいかどうかが審査されます。学会や研究会などで数多く発表し、論文を学会誌に投稿するなどして、指導教員以外にも学会誌の査読者や研究者の先輩・仲間たちからの評価を受けながら、研究を深化させ実績を積んでいきます。最終的に「博士号」を取得できるかどうかは、学会誌などに投稿した論文が採択になり、掲載されることにかかっているといってもいいでしょう。大学院時代にがんばって成果を得られれば、研究者としての道が拓けるようになります。

　ただし、実際に大学やその他の研究機関で研究職に就くためには、自らの業績だけではなく、ある種の運や縁が必要になります。研究職の求人は欠員が出たり学部・学科を新設したりといった場合で行われることが多く、非常に限られています。また、求人によっては職階（教授・准教授・講師・助教など）を限定した募集のこともありますし、任期つきのポストに採用された後で再度審査を経て正規採用になることもあります。実力とタイミングしだいでは、所属している大学院や学部で研究・教育のアシスタントとして抜擢されることもありますが、そうした採用枠は多くありません。自分の業績や志向性と、求人ポストの募集条件がマッチし、多くの応募者の中から選ばれ採用されるのは、極めて狭き門であるといわざるをえません。

　そのため、学位を取得した若手研究者の多くは、日本学術振興会の特別研究員のポスト等を得て国内の大学等研究機関に所属したり、海外特別研究員として海外の大学に留学したりして、さらに研究実績を積んでいきます。そして、学会誌への研究論文の採択実績を重ね、学会発表などで人脈をつくりながら、国内外の研究機関で募集している常勤職のポストに応募し、採用されるための準備を続けていくことになります。なかには、大学での非常勤教員として講義

をして生計を立てたり、公認心理師などの心理職の資格をとって実践の場で活動したりする人もいます。

いずれにせよ研究者になるには長期戦を覚悟しなければなりません。その間に病気や出産・育児にともなう休業などで、遠回りすることもあります。しかし、それによって志を諦めることはありません。研究のスピードは落ちたとしても、さまざまな出会いや経験が、思わぬ形で研究に結びつくこともあります。悩み、葛藤を抱えているからこそ、人間としても研究者としても成長していけるはずです。

3　研究者に必要な「協働する力」

研究者というと一人孤独に自分のテーマに向きあうイメージがあるかもしれませんが、研究者は学会に参加し、他の研究者と交流して相互に刺激を得ながら、研究を発展させていきます。たとえば、青年心理学の研究者の集まりには「日本青年心理学会」があり、さまざまな研究知見について議論や交流が重ねられています。

また、他の研究者と共同で研究を行うこともよくあります。一人だけでは思いつかなかったアイデアや、他の専門領域の知見を活かすことで学際的に研究が大きく発展することも多いのです。青年心理学の研究では、社会心理学、教育心理学、児童期や中年期などの発達心理学、臨床心理学、社会学、教育学、教育工学、脳科学などなど、多くの隣接諸領域との交流が行われています。

さらに、大学に所属する研究者は教員としての役割を果たす必要があります。そのため、授業や学生の研究指導のほか、大学の運営など、多くの業務を行わなくてはなりません。これには、学生や他の大学教員、事務職員など多くの人とのコミュニケーションが必須です。多くの人の前で臆せず話せるようになること、学生に対して誠実に向きあって指導や面談ができるようになること、他の教職員との会議や打ち合わせで自らの意見を述べたり調整したりできるよう

になることなどが求められます。学会発表も含め多くの場面で人と接すること
になりますし、所属機関に集う人々と協働し周囲からの信頼を得ることが、長
く仕事を続けるうえで大切です。特段コミュニケーションに秀でている必要は
ありません。誠実に人に接し、協働する力を身につけるように意識していって
ください。

　研究者への道は容易ではありません。でも、そこには「青年のために生き
る」という喜びがあります。そして、同じ志をもつ仲間がいます。ぜひあなた
も私たちと一緒に、青年のための研究をしてみませんか。

引用・参考文献

● **A**

Abe, S., & Oshio, A. (2018) Does marital duration moderate (dis) similarity effects of personality on marital satisfaction? *SAGE Open*, 8(2). https://doi.org/10.1177/2158244018784985

Allen, J. P., Moore, C., Kuperminc, G., & Bell, K. (1998) Attachment and adolescent psychosocial functioning. *Child Development*, 69, 1406-1419.

天貝由美子（2001）『信頼感の発達心理学：思春期から老年期に至るまで』新曜社.

アメリカ精神医学会（2014, 髙橋三郎・大野 裕 監訳）『DSM-5 精神疾患の診断・統計マニュアル』医学書院.（American Psychiatric Association (2013) *Diagnostic and statistical manual of mental disorders, 5th ed.* Washington, DC: American Psychiatric Association.）

有光興記・藤澤 文（編著）（2015）『モラルの心理学：理論・研究・道徳教育の実践』北大路書房.

アリストテレス（1969, 福島保夫 訳）「人相学」『アリストテレス全集 10 小品集』岩波書店.

Arnett, J. J. (2000) Emerging adulthood: A theory of development from the late teens through the twenties. *American Psychologist*, 55, 469-480.

● **B**

Baumrind, D. (1971) Current patterns of parental authority. *Developmental Psychology Monographs*, 4, 1-103.

ベック, A. T., ラッシュ, A. J., ショウ, B. F., & エメリィ, G.（2007, 坂野雄二 監訳）『うつ病の認知療法 新版』岩崎学術出版社.（Beck, A. T., Rush, A. J., Shaw, B. F., & Emery, G. (1979) *Cognitive therapy of depression*. New York: Guilford Press.）

Becker, O. A. (2013) Effects of similarity of life goals, values, and personality on relationship satisfaction and stability: Findings from a two-wave panel study. *Personal Relationships*, 20, 443-461.

「ブラック校則をなくそう！」プロジェクト http://black-kousoku.org/

Bowlby, J. (1988) *A secure base: Clinical applications of attachment theory*. London: Routledge.（二木 武 監訳（1993）『母と子のアタッチメント：心の安全基地』医歯薬出版.）

Breines, J. G., & Chen, S. (2012) Self-compassion increases self-improvement motivation. *Personality and Social Psychology Bulletin*, 38(9), 1133-1143.

ブルーナー, J. S.（1969, 岸本弘ほか 訳）『思考の研究』明治図書.

● **C**

Caspi, A., & Herbener, E. S. (1990) Continuity and change: Assortative marriage and the consistency of personality in adulthood. *Journal of Personality and Social Psychology*, 58, 250-258.

Centers for Disease Control and Prevention (2009) *School Connectedness: Strategies for increasing protective factors among youth.* Atlanta, GA: U.S. Department of Health and Human Services.

CESA（2018）『2018 CESA 一般生活者調査報告書：日本ゲームユーザー＆非ユーザー調査』一般社団法人コンピュータエンターテインメント協会.

千島雄太（2019）『青年期における自己変容に対する志向性の個人差と発達的変化』風間書房.

千島雄太・村上達也（2015）「現代青年における"キャラ"を介した友人関係の実態と友人関係満足感の関連："キャラ"に対する考え方を中心に」『青年心理学研究』26，129-146.

──（2016）「友人関係における"キャラ"の受け止め方と心理的適応：中学生と大学生の比較」『教育心理学研究』64，1-12.

Chishima, Y., Huai-Ching Liu, I. T., & Wilson, A. (2021) Temporal distancing during the COVID-19 pandemic: Letter writing with future self can mitigate negative affect. *Applied Psychology: Health and Well-Being*, 13, 406-418.

中央調査社（2015）「『家庭や学校における生活や意識等に関する調査』報告書」.

Coleman, J. C. (1997) The parenting of adolescents in Britain today. *Children and Society*, 11, 44-52.

Costa, P. T., Jr., & McCrae, R. R. (1992) *Revised NEO Personality Inventory (NEO-PI-R) and NEO Five-Factor Inventory (NEO-FFI) professional manual.* Odessa, FL: Psychological Assessment Resources.

◉ D

大坊郁夫（2000）「顔の魅力と認知」『日本化粧品技術者会誌』34，241-248.

Dyrenforth, P. S., Kashy, D. A., Donnellan, M. B., & Lucas, R. E. (2010) Predicting relationship and life satisfaction from personality in nationally representative samples from three countries: The relative importance of actor, partner, and similarity effects. *Journal of Personality and Social Psychology*, 99, 690-702.

◉ E

Elkind, D., & Bowen, R. (1979) Imaginary audience behavior in children and adolescents. *Developmental Psychology*, 15, 38-44.

Erikson, E. H. (1959) Identity and the life cycle. *Psychological Issues,* Vol. 1, No. 1, Monograph 1. International Universities Press.（西平 直・中島由恵　訳（2011）『アイデンティティとライフサイクル』誠信書房.）

● F

Feng, W., Ramo, D., Chan, S., & Bourgeois, J. (2017) Internet gaming disorder: Trends in prevalence 1998-2016. *Addictive Behaviors*, 75, 17-24.

Fink, B., Neave, N., Manning, J. T., & Grammar, K. (2005) Facial symmetry and the "big-five" personality factors. *Personality and Individual Differences*, 39, 523–529.

フランクル，V. E.（2002，池田香代子　訳）『夜と霧 新版』みすず書房.

藤井恭子（2001）「青年期の友人関係における山アラシ・ジレンマの分析」『教育心理学研究』49，146-155.

藤沢伸介（2004）「女子が恋愛過程で遭遇する蛙化現象」『日本心理学会大会発表論文集』68，1095.

● G

Gaunt, R. (2006) Couple similarity and marital satisfaction: Are similar spouses happier? *Journal of Personality*, 74, 1401-1420.

Gonzaga, G. C., Campos, B., & Bradbury, T. (2007) Similarity, convergence, and relationship satisfaction in dating and married couples. *Journal of Personality and Social Psychology*, 93, 34-48.

ゴーマン，W.（1981，村山久美子　訳）『ボディ・イメージ：心の目でみるからだと脳』誠信書房.（Gorman, W. (1969) *Body image and the image of the brain*. St. Louis, MO: Warren, H. Green.）

Grotevant, H. D., & Cooper, C. R. (1985) Patterns of interaction in family relationships and the development of identity exploration in adolescence. *Child Development*, 56, 415-428.

―― (1986) Individuation in family relationships: A perspective on individual differences in the development of identity and role-taking skill in adolescence. *Human Development*, 29, 82-100.

● H

ハーン，L.（2004，川西由美子　編・訳）『PMS（月経前症候群）を知っていますか？：「気のせい」ではなかった病気の対処法』朝日新聞社.

浜田寿美男（1993）『発達心理学再考のための序説』ミネルヴァ書房.

浜島幸司（2006）「若者の道徳意識は衰退したのか」浅野智彦（編）『検証・若者の変貌』勁草書房.

原田唯司（2002）「大学生の政治不信：政治的関心、政治的知識および政治的有効性感覚との関連」『静岡大学教育学部研究報告（人文・社会科学篇）』52，217-228.

―― (2006)「大学生の政治不信に及ぼす政治的自己効力感の影響」『静岡大学教育学部研究報告（人文・社会科学篇）』56，203-214.

Hassin, R., & Trope, Y. (2000) Facing faces: Studies on the cognitive aspects of physiognomy. *Journal of Personality and Social Psychology*, 78(5), 837-852.

樋口 進（2017）『心と体を蝕む「ネット依存」から子どもたちをどう守るのか』ミネルヴァ書房.

平石賢二（2007）『青年期の親子間コミュニケーション』ナカニシヤ出版.

Hollingworth, L. S. (1928) *The psychology of the adolescent.* New York: D. Appleton Century Company.

保坂 亨（1998）「児童期・思春期の発達」下山晴彦（編）『教育心理学Ⅱ：発達と臨床援助の心理学』東京大学出版会.

法務総合研究所（2021）「令和 3 年版 犯罪白書」. https://hakusyo1.moj.go.jp/jp/68/nfm/mokuji.html

Hudson, N. W., Briley, D. A., Chopik, W. J., & Derringer, J. (2019) You have to follow through: Attaining behavioral change goals predicts volitional personality change. *Journal of Personality and Social Psychology*, 117(4), 839-857.

Hudson, N. W., Fraley, R. C., Chopik, W. J., & Briley, D. A. (2020) Change goals robustly predict trait growth: A mega-analysis of a dozen intensive longitudinal studies examining volitional change. *Social Psychological and Personality Scienc*e, 11(6), 723-732.

Humbad, M. N., Donnellan, M. B., Iacono, W. G., McGue, M., & Burt, S. A. (2010) Is spousal similarity for personality a matter of convergence or selection? *Personality and Individual Differences*, 49, 827-830.

● I

Ieshima, A. (2020) Level of immersion in media experience (LIME) model. In Y. Toda & I. Oh (Eds.) *Tackling cyberbullying and related problems: Innovative usage of games, apps and manga*. New York: Routledge.

家島明彦（2016）「メディアと発達」田島信元・岩立志津夫・長崎 勤（編）『新・発達心理学ハンドブック』福村出版.

――（2022）「子どもとデジタルメディア」二宮克美・子安増生（監訳）『児童心理学・発達科学ハンドブック 第 4 巻：生態学的情況と過程』福村出版.

井上健治（1966）「青年と人間関係（1）：友人関係」沢田慶輔（編）『青年心理学』東京大学出版会.

石川茜恵（2019）『青年期の時間的展望：現在を起点とした過去のとらえ方から見た未来への展望』ナカニシヤ出版.

伊藤美奈子（2015）「不登校経験者による不登校の意味づけ：不登校に関する不登校意味づけ尺度項目の収集」『奈良女子大学心理臨床研究』2，5-13.

――（2016）「『さなぎとしての不登校』『さなぎになれない不登校』」髙坂康雅（編）『思春期における不登校支援の理論と実践』ナカニシヤ出版.

伊藤義徳（2018）「認知療法、マインドフルネス、原始仏教：「思考」という諸刃の剣を賢く

操るために」『心理学評論』61，272-294.

● J

ジェンセン，F. & ナット，A. E.（2015，野中香方子　訳）『10 代の脳：反抗期と思春期の
　こどもたち』文藝春秋．（Jensen, F. E., & Nutt, A. E. (2015) *The teenage brain*. HarperCollins.）
順天堂大学生殖内分泌グループ（編）(2013)『わかりやすい女性内分泌 改訂第 2 版：イラス
　トで読む性同期のしくみ』診断と治療社．

● K

片岡　祥・園田直子（2010）「青年期に起こる愛着対象の移行における親の位置づけ」『久留
　米大学心理学研究』9，1-8.
垣内理希（1996）「美人ステレオタイプは存在するか」『社会心理学研究』12，54-63.
亀田　研（2015）「青年期における生きる意味への問い経験尺度の作成：生きがい感、性格特
　性、アイデンティティの感覚との関連から」『青年心理学研究』26，147-157.
笠井清登（編）(2015)『思春期学』東京大学出版会．
加藤弘通・大久保智夫（2006）「〈問題行動〉をする生徒および学校生活に対する生徒の評価
　と学級の荒れとの関係：〈困難学級〉と〈通常学級〉の比較から」『教育心理学研究』54，
　34-44.
加藤弘通・太田正義（2016）「学級の荒れと規範意識および他者の規範意識の認知の関係：
　規範意識の醸成から規範意識をめぐるコミュニケーションへ」『教育心理学研究』64，
　147-155.
加藤隆勝（1977）「青年期における自己意識の構造」『心理学モノグラフ』14，日本心理学会．
警察庁（2021）『警察白書』．
警察庁生活安全局少年課（2020）「令和元年における少年非行、児童虐待及び子供の性被害
　の状況」．警察庁．
──（2022）「令和 3 年における少年非行、児童虐待及び子供の性被害の状況」．https://www.
　npa.go.jp/bureau/safetylife/syonen/pdf-r3-syonenhikoujyokyo.pdf
King, D. L. & Delfabbro, P. H. (2018) *Internet gaming disorder: Theory, assessment, treatment, and
　prevention*.（樋口　進　監訳（2020）『ゲーム障害：ゲーム依存の理解と治療・予防』福村
　出版．）
古賀佳樹・川島大輔（2018）「日本語版 Game Addiction Scale (GAS7-J) の作成と妥当性の検
　討」『パーソナリティ研究』27，175-177.
小泉智恵・菅原ますみ・前川暁子・北村俊則（2003）「働く母親における仕事から家庭への
　ネガティブ・スピルオーバーが抑うつ傾向に及ぼす影響」『発達心理学研究』14，272-
　283.

国立青少年教育振興機構（2015）「高校生の生活と意識に関する調査報告書：日本・米国・中国・韓国の比較」．

国立社会保障・人口問題研究所（2022）「第 16 回出生動向基本調査結果の概要」．https://www.ipss.go.jp/ps-doukou/j/doukou16/JNFS16gaiyo.pdf

髙坂康雅（2009）「恋愛関係が大学生に及ぼす影響と、交際期間、関係認知との関連」『パーソナリティ研究』17，144-156.

―（2010）「大学生及びその恋人のアイデンティティと"恋愛関係の影響"との関連」『発達心理学研究』21，182-191.

―（2013）「青年期における"恋人を欲しいと思わない"理由と自我発達との関連」『発達心理学研究』24，284-294.

―（2014）「日本青年心理学会第 21 回（2013 年）大会研究委員会企画シンポジウム記録 研究者がとらえる『青年』とは：研究委員会共同調査の結果にもとづく検討」『青年心理学研究』26，77-81.

―（2015）「恋人を欲しいと思わない青年を捉える 2 次元モデルの提唱」『日本心理学会第 79 回大会発表論文集』976.

―（2018）「青年期・成人期前期における恋人を欲しいと思わない者のコミュニケーションに対する自信と同性友人関係」『青年心理学研究』29，107-121.

―（編）（2018）『ノードとしての青年期』ナカニシヤ出版.

厚生労働省（2014）「平成 26 年度全国家庭児童調査結果の概要」.

Kuhn, M. H., & McPartland, T. S. (1954) An empirical investigation of self-attitudes, *American Sociological Review*, 19, 68-76.

久世敏雄・齋藤耕二（監修）（2000）『青年心理学事典』福村出版.

● L

Latané, B. (1981) The psychology of social impact. *American Psychologist*, 36(4), 343-356.

Lemmens, J. S., Valkenburg, P. M., & Peter, J. (2009) Development and validation of a game addiction scale for adolescents. *Media Psychology*, 12, 77-95.

レビンソン，D. J.（1992，南 博 訳）『ライフサイクルの心理学 上・下』講談社学術文庫.

Lewin, K. (1951) *Field theory in social science: Selected theoretical papers*. New York: Harper & Brothers.（猪股佐登留 訳（1979）『社会科学における場の理論 増補版』誠信書房.）

Luo, S. (2009) Partner selection and relationship satisfaction in early dating couples: The role of couple similarity. *Personality and Individual Differences*, 47, 133-138.

―（2017）Assortative mating and couple similarity: Patterns, mechanisms, and consequences. *Social and Personality Psychology Compass*, 11, 1-14.

Luo, S., & Klohnen, E. C. (2005) Assortative mating and marital quality in newlyweds: A couplecentered approach. *Journal of Personality and Social Psychology*, 88, 304-326.

Luo, S., & Snider, A. G. (2009) Accuracy and biases in newlyweds' perceptions of each other: Not mutually exclusive but mutually beneficial. *Psychological Science*, 20, 1332-1339.

● M

MacBeth, A., & Gumley, A. (2012) Exploring compassion: A meta-analysis of the association between self-compassion and psychopathology. *Clinical Psychology Review*, 32, 545-552.

Marcia, J. E. (1966) Development and validation of ego-identity status. *Journal of Personality and Social Psychology*, 3(5), 551-558.

松岡弥玲（2006）「理想自己の生涯発達：変化の意味と調節過程を捉える」『教育心理学研究』 54，45-54.

Matza, D. (1964) *Delinquency and drift*. John Wiley & Sons, Inc.（非行理論研究会　訳（1986）『漂流する少年：現代の少年非行論』成文堂.）

明治安田生命生活福祉研究所（2016）「親子の関係についての意識と実態：親 1 万人・子ども 6 千人調査」. https://www.myri.co.jp/research/report/pdf/myilw_report_2016_02.pdf

溝上慎一（2008）『自己形成の心理学：他者の森をかけ抜けて自己になる』世界思想社.

文部科学省（2020）「児童生徒の問題行動・不登校等生徒指導上の諸課題に関する調査」.

──（2021）「学校基本調査」. https://www.e-stat.go.jp/stat-search/files?page=1&layout=datalist&toukei=00400001&tstat=000001011528&cycle=0&tclass1=000001021812&tclass2val=0

Morio, H., & Buchholz, C. (2009) How anonymous are you online? Examining online social behaviors from a cross-cultural perspective. *AI & Society*, 23(2), 297-307.

森田洋司（2010）『いじめとは何か：教室の問題、社会の問題』中公新書.

村澤博人（1992）『顔の文化誌』東京書籍.

村澤和多里・山尾貴則・村澤真保呂（2012）『ポストモラトリアム時代の若者たち：社会的排除を超えて』世界思想社.

武蔵由佳・河村茂雄（2021）「小学生、中学生、高校生における友人関係の発達的変化に関する研究」『学級経営心理学研究』10，43-52.

明和政子（2019）『ヒトの発達の謎を解く：胎児期から人類の未来まで』ちくま新書.

● N

内閣府（2019）「我が国と諸外国の若者の意識に関する調査（平成 30 年度）」. https://www8.cao.go.jp/youth/kenkyu/ishiki/h30/pdf-index.html

──（2021）「青少年のインターネット利用環境実態調査」.

中井久夫（1997）「いじめの政治学」『アリアドネからの糸』みすず書房.

中村航洋（2021）「心理学における顔印象研究の動向と展望」『エモーション・スタディー

ズ』6，20-27.

中村桃子（2021）「『ことば』からルッキズムを揺さぶる：もっと多様な容姿の基準を！」『現代思想』49，131-140.

中村悠里恵（2018）「青年期の恋愛状況と恋愛・結婚観による結婚願望・結婚可能性の比較」2018年度和光大学現代人間学部卒業論文（未公刊）.

中島浩子・関山 徹（2017）「仲間関係位相尺度の作成と友人および親との関係の検討」『鹿児島大学教育学部教育実践研究紀要』26，143-161.

Neff, K. (2003) Self-compassion: An alternative conceptualization of a healthy attitude toward oneself. *Self and Identity*, 2, 85-101.

NHK放送文化研究所（2013）『NHK中学生・高校生の生活と意識調査2012：失われた20年が生んだ"幸せ"な十代』NHK出版.

日本青年心理学会（2014）『新・青年心理学ハンドブック』福村出版.

西平 直（1993）『エリクソンの人間学』東京大学出版会.

入戸野宏（2013）「かわいさと幼さ：ベビースキーマをめぐる批判的考察」『VISION』25，100-104.

●○

落合良行（1985）「青年期における孤独感を中心にした生活感情の関連構造」『教育心理学研究』33，70-75.

Odilavadze, M., Panjikidze, M., Martskvishvili, K., Mestvirishvili, M., & Kvitsiani, M. (2019). The role of personality and love style in marital satisfaction: Does similarity matter? *Current Issues in Personality Psychology*, 7, 288-297.

OECD 2019 Society at a Glance. (2019) *OECD Social Indicators.* OECD Publishing. Paris. https://doi.org/10.1787/soc_glance-2019-en.

Oettingen, G., & Mayer, D. (2002) The motivating function of thinking about the future: Expectations versus fantasies. *Journal of Personality and Social Psychology*, 83, 1198-1212.

大久保智生・加藤弘通・川田 剛（投稿中）『小中学生の規範意識と問題行動の関連』.

大久保智生・中川大暉（2014）「現代の子どもをめぐる言説の批判心理学的視点による検討：批判心理学はどのように量的調査を読み解いていくのか」『心理科学』35，8-17.

大久保智生・西本佳代（2016）「香川大学1年生の問題行動の実態：コンプライアンス教育のための実態把握」『香川大学教育研究』13，41-53.

大久保智生・時岡晴美・岡田 涼（編）（2013）『万引き防止対策に関する調査と社会的実践：社会で取り組む万引き防止』ナカニシヤ出版.

大野 久（2010）『エピソードでつかむ青年心理学』ミネルヴァ書房.

──（2021）「『アイデンティティのための恋愛』研究と方法論に関する理論的考察」『青年

心理学研究』33（1），1-20.

折崎明子（2009）「ネット上のCGM利用における匿名性の構造と設計可能性」『情報社会学会誌』4（1），5-14.

Orth, U., Erol, R. Y., & Luciano, E. C. (2018) Development of self-esteem from age 4 to 94 years: A meta-analysis of longitudinal studies. *Psychological Bulletin*, 144(10), 1045-1080.

小塩真司（2014）『Progress & Application パーソナリティ心理学』サイエンス社.

小塩真司・阿部晋吾・カトローニピノ（2012）「日本語版 Ten Item Personality Inventory（TIPI-J）作成の試み」『パーソナリティ研究』21，40-52.

尾崎仁美（1997）「人生の意味・目的の「獲得」と「探求」から捉えた人生態度の検討（2）：空しさの観点から検討」『日本教育心理学会第 39 回総会発表論文集』200.

小沢一仁（1998）「親への反抗」落合良行（編著）『中学二年生の心理：自分との出会い』大日本図書.

──（2020）「青年期の発達的変化と危機」高木秀明（監修）『挫折と向き合う心理学：青年期の挫折を乗り越えるための心の作業とその支援』福村出版.

● P

ピアジェ，J.（2007，中垣 啓　訳）『ピアジェに学ぶ認知発達の科学』北大路出版.

プラトン（1976，加来彰俊　訳）『ゴルギアス』岩波文庫.

Pound, N., Penton-Voak, I. S., & Brown, W. M. (2007) Facial symmetry is positively associated with self-reported extraversion. *Personality and Individual Differences*, 43, 1572–1582.

● R

Rogers, C. R. (1961) *On becoming a person*. Houghton Mifflin.

Rosenberg, M. (1965) *Society and the adolescent selfimage*. Prinston University Press.

● S

酒井 厚（2005）『対人的信頼感の発達：児童期から青年期へ：重要な他者間での信頼すること・信頼されること』川島書店.

佐久間路子（2006）『幼児期から青年期にかけての関係的自己の発達』風間書房.

桜井茂男（2000）「ローゼンバーグ自尊感情尺度日本語版の検討」『筑波大学発達臨床心理学研究』12，65-71.

佐藤有耕（1994）「青年期における自己嫌悪感の発達的変化」『教育心理学研究』42，253-260.

──（2016）「青年期の自己嫌悪感」『心理学ワールド』74，17-20.

ショーペンハウエル，A.（1973，秋山英夫　訳）「比喩、たとえ話、寓話」『ショーペンハ

ウアー全集 14 哲学小品集 V』白水社. (Schopenhauer, A. (1851) Pererga und Paralipomena.: kleine philosophische Schriften. Zweiter Band.)

Secord, P. F. (1958) Facial features and inference processes in interpersonal perception. In R. Tagiuri & L. Petrullo (eds.) *Person perception and interpersonal behavior*. Stanford: Stanford University Press.

Shavelson, B. J., Hubner, J. J., & Stanton, G. C. (1976) Self-concept: Validation of construct interpretations. *Review of Educational Research*, 46, 407-441.

Smetana, J. G. (2011) *Adolescents, families, and social development: How teens construct their worlds.* West sussex, England: Wiley-Blackwell.

Smith, P. K. (2012) Cyberbullying: Challenges and opportunities for a research program: A response to Olweus. *European Journal of Developmental Psychology*, 9(5), 553-558.

総務省（2021）「国政選挙における年代別投票率について」. https://www.soumu.go.jp/senkyo/senkyo_s/news/sonota/nendaibetu/

Steinberg, L. & Silverberg, S. B. (1986) The vicissitudes of autonomy in early adolescence. *Child Development*, 57, 841-851.

菅野盾樹（1999）『人間学とは何か』産業図書.

杉本英晴（2012）「大学生の就職に対するイメージの構造」『キャリア教育研究』31，15-25.

Sutherland, C. A. M., Rowley, L. E., Amoaku, U. T., Daguzan, E., Kidd-Rossiter, K. A., Maceviciute, U. & Young, A. W. (2015) Personality judgments from everyday images of faces. *Frontiers in Psychology*, 6, 1616.

鈴木治太郎（1931）『実際的個別的智能測定法』東洋図書.

● T

Takahashi, K. (1974) Development of dependency in female adolescents and young adults. *Japanese Psychological Research*, 16, 179-185.

竹原卓真・井上捺稀・山本ルナ・清水美沙（2021）「上瞼が二重の顔は魅力的だが下瞼の涙袋メイクは逆効果かもしれない」『日本感性工学会論文誌』20，121-128.

竹内和雄・戸田有一・高橋知音（2015）「青少年のスマートフォン＆インターネット問題にいかに対処すべきか：社会と教育心理学との協働に向けて」『教育心理学年報』54，259-265.

Tea-Makorn, P.P., & Kosinski, M. (2020) Spouses' faces are similar but do not become more similar with time. *Scientific Reports,* 10.

Terracciano, A., McCrae, R. R., Brant, L. J. et al. (2005) Hierarchical linear modeling analyses of the NEO-PI-R scales in the Baltimore Longitudinal Study of Aging. *Psychology and Aging,* 20, 493-506.

栃木県総合教育センター（2011）「栃木の子どもの規範意識調査（小・中・高）：本県児童生徒の規範意識の把握と望ましい指導の在り方」.

● U

氏家達夫（2011）「まとめと今後の展望」氏家達夫・高濱裕子（編著）『親子関係の生涯発達心理学』風間書房.

● W

和田 実・久世敏雄（1990）「現代青年の規範意識と私生活主義：パーソナリティ特性との関連について」『名古屋大学教育学部紀要』37，23-30.

Watson, D., Klohnen, E. C., Casillas, A., Simms, E. N., Haig, J., & Berry, D. S. (2004) Match makers and deal breakers: Analyses of assortative mating in newlywed couples. *Journal of Personality*, 72, 1029-1068.

和辻哲郎（2007）『人間の学としての倫理学』岩波書店.

Wegner, D. M. (1994) *White bears and other unwanted thoughts: Suppression, obsession, and the psychology of mental control.* NY: Guilford Press.

World Health Organization (2019) 6C51 Gaming disorder. ICD-11 for Mortality and Morbidity Statistics. Retrieved from https://icd.who.int/browse11/l-m/en#/http://id.who.int/icd/entity/1448597234

● Y

山岸明子（2002）「現代青年の規範意識の希薄性の発達的意味」『順天堂大学医療短期大学紀要』13，49-58.

山口真美（2016）『自分の顔が好きですか？：顔の心理学』岩波ジュニア新書.

Young, K. (1998) Internet addiction: The emergence of a new clinical disorder. *Cyberpsychology & Behavior*, 3, 273-244.

● Z

全国高等学校PTA連合会（2015）「平成26年度全国高校生 生活・意識調査報告書」.

全国労働組合総連合（2022）「衆議院予算委員会中央公聴会資料」. https://www.zenroren.gr.jp/jp/news/2022/deta/220216_01.pdf

● 執筆者一覧

家島明彦	大阪大学	☆第 18 章（3 節執筆）
伊藤美奈子	奈良女子大学	第 17 章 3 節
大久保智生	香川大学	第 20 章 2 節
大野　久★	立教大学名誉教授	☆第 13 章（2・3 節執筆）
小沢一仁	東京工芸大学	第 4 章
小塩真司★	早稲田大学	☆第 12 章（3 節執筆）
加藤弘通	北海道大学	☆第 20 章（1 節執筆）
金綱知征	香川大学大学院	第 18 章 2 節
亀田　研	朝日大学	第 22 章 1 節
髙坂康雅	和光大学	第 13 章 1 節
古賀佳樹	久里浜医療センター	第 18 章 1 節
齊藤誠一	大阪信愛学院大学	第 2 章
佐藤有耕★	筑波大学	第 9 章、☆第 14 章（1 節執筆）
信太寿理	愛知学泉大学	第 15 章
下村英雄	労働政策研究・研修機構	第 17 章 2 節
白井利明	大阪教育大学名誉教授	はじめに、第 3 章
千島雄太	筑波大学	第 11 章 2 節、第 14 章 3 節、第 22 章 2 節
都筑　学	中央大学名誉教授	第 1 章、☆第 21 章
中間玲子	兵庫教育大学	☆第 19 章（1 ～ 3 節執筆）
西田裕紀子	国立長寿医療研究センター	第 12 章 1 節
萩原千晶	早稲田大学	第 12 章 2 節
畑野　快	大阪公立大学	第 10 章、☆第 11 章（1 節執筆）
日原尚吾	松山大学	第 11 章 3 節
平石賢二★	名古屋大学	第 8 章、☆第 15 章
藤井恭子	関西学院大学	第 14 章 2 節、第 25 章
松嶋秀明	滋賀県立大学	第 20 章 3 節
溝上慎一	学校法人桐蔭学園	第 24 章
峰尾菜生子	岐阜大学	第 21 章
三好昭子★	日本女子体育大学	第 6 章、☆第 22 章（3 節執筆）
山田剛史★	関西大学	第 7 章、☆第 16 章（1 ～ 3 節執筆）
若松養亮★	滋賀大学	この本を手に取ってくださったあなたへ、第 5 章、☆第 17 章（1 節執筆）、☆第 23 章（1 ～ 3 節執筆）

● カバーイラスト　おおえさき

心のなかはどうなっているの？
高校生の「なぜ」に答える心理学

2023 年 1 月 20 日　初版第 1 刷発行
2023 年 10 月 30 日　　第 2 刷発行

企　画　日本青年心理学会
責任編集　若松養亮
編　集　大野久・小塩真司・佐藤有耕・平石賢二・三好昭子・山田剛史
発行者　宮下基幸
発行所　福村出版株式会社
　　　　〒 113-0034　東京都文京区湯島 2-14-11
　　　　電話　03-5812-9702
　　　　FAX　03-5812-9705
　　　　https://www.fukumura.co.jp
印　刷　株式会社文化カラー印刷
製　本　協栄製本株式会社

福村出版◆好評図書

日本青年心理学会 企画／大野 久・小塩真司・佐藤有耕・
白井利明・平石賢二・溝上慎一・三好昭子・若松養亮 編集
君 の 悩 み に 答 え よ う
●青年心理学者と考える10代・20代のための生きるヒント

◎1,400円　　ISBN978-4-571-23057-8　C0011

悩みを抱く青年を応援
すべく，心の専門家が
Q&A形式で彼らの悩
みに答える。進路指導・
学生相談にも最適。

小野善郎 著
思 春 期 を 生 き る
●高校生，迷っていい，悩んでいい，不安でいい

◎1,600円　　ISBN978-4-571-23060-8　C0011

迷い，悩み，不安のた
えない思春期をどう乗
り切る？　中高生と親
たちに贈る，大人への
道を進むためのガイド。

高木秀明 監修／安藤嘉奈子・小沢一仁・橋本和幸 編
挫 折 と 向 き 合 う 心 理 学
●青年期の挫折を乗り越えるための心の作業とその支援

◎2,700円　　ISBN978-4-571-23061-5　C3011

不安定な青年期に待ち
受ける「挫折」。青年が
挫折と向き合う方法と
その意味，支援のあり
方を丁寧に論じる。

都筑 学 監修／半澤礼之・坂井敬子・照井裕子 編著
問いからはじまる心理学　第1巻
発達とは？ 自己と他者／時間と
空間から問う生涯発達心理学

◎2,700円　　ISBN978-4-571-20604-7　C3311

発達段階を「身体」「対
人関係」「役割」「地域」
「環境移行・適応」「偶
然」という6つの視点
からとらえる。

都筑 学 監修／加藤弘通・岡田有司・金子泰之 編著
問いからはじまる心理学　第2巻
教 育 問 題 の 心 理 学
何 の た め の 研 究 か ？

◎2,700円　　ISBN978-4-571-20605-4　C3311

学校と制度の間におけ
る「学校の中の問題」
「学校を取り巻く問題」
の様々な現象を，教育
心理学の見地から問う。

都筑 学 監修／髙澤健司・大村 壮・奥田雄一郎・田澤 実・小野美和 編著
問いからはじまる心理学　第3巻
つながるって何だろう？
現代社会を考える心理学

◎2,700円　　ISBN978-4-571-20606-1　C3311

「現代」「現在」とは？
「生活の中にある自己」
と「拡張される自己の
世界」の視点から，多
面的に検討する。

森田健一 著
マンガ 夢分析の世界へ
●ふしぎなカウンセラーと四つの物語

◎1,700円　　ISBN978-4-571-24090-4　C0011

蝶に導かれてふしぎな
カウンセラーに出会い，
夢分析を知って自らの
悩みを解決することが
できた4人の物語。

◎価格は本体価格です。